古典文獻研究輯刊

三九編

潘美月・杜潔祥 主編

第 21 冊

莊有可《禮記集說》點校（上）

薛超睿、徐清 整理

國家圖書館出版品預行編目資料

莊有可《禮記集說》點校（上）／薛超睿、徐清　整理 -- 初
版 -- 新北市：花木蘭文化事業有限公司，2024〔民 113〕
目 2+174 面；19×26 公分
（古典文獻研究輯刊 三九編；第 21 冊）
ISBN 978-626-344-941-1（精裝）
1.CST：（清）莊有可 2.CST：禮記集說 3.CST：注釋
011.08　　　　　　　　　　　　　　　　　　113009815

ISBN-978-626-344-941-1

古典文獻研究輯刊
三九編　第二一冊　　　　　　ISBN：978-626-344-941-1

莊有可《禮記集說》點校(上)

作　　者	薛超睿、徐清（整理）	
主　　編	潘美月、杜潔祥	
總 編 輯	杜潔祥	
副總編輯	楊嘉樂	
編輯主任	許郁翎	
編　　輯	潘玟靜、蔡正宣　美術編輯　陳逸婷	
出　　版	花木蘭文化事業有限公司	
發 行 人	高小娟	
聯絡地址	235 新北市中和區中安街七二號十三樓	
	電話：02-2923-1455／傳真：02-2923-1452	
網　　址	http://www.huamulan.tw 信箱 service@huamulans.com	
印　　刷	普羅文化出版廣告事業	
初　　版	2024 年 9 月	
定　　價	三九編 65 冊（精裝）新台幣 175,000 元	

莊有可《禮記集說》點校（上）

薛超睿、徐清　著

作者簡介

薛超睿（1985～）山東濟南人，文學博士，副教授，現任職於鹽城師範學院文學院，主要研究方向在近代文學、禮學文獻、域外漢學。

徐清（1989～）江蘇響水人，文學碩士，助理研究員，現任職於鹽城師範學院校辦，主要研究方向在傳播學、數據發掘。

提　　要

關於本書作者及思想、體例：《禮記集說》作者莊有可係清代常州學派代表人物，一生著書四百餘卷，其中治禮與莊與存《周官記》《周官說》、莊綏甲《周官說補》一脈相承，體現鮮明的家學特徵。根據《年譜》記載，該書係莊氏晚年力作，積十六年經學工夫方成，在其禮學著述中成書最晚、體量最大，是其禮學思想的集中體現。本書主旨力推《周禮》為周公首創，並以此作為評判《禮記》各篇成書作者、年代的依據，揚《周官》而抑《禮記》，主張「三代可復」，以《周官》系統為中心，闡述建章立制、禮儀行止的合法性，藉此表達若干政治理想，具有經世致用、現實關懷的特點。從著述體例看，雖名為《集說》，但不注出處，自出心測；經文任意分裂，務伸己見，非意在拘泥於成說，而是截斷眾流，成一家之言，這也是今文經學家法之一體現。

關於此次整理本的價值。清代禮學甚多，僅王鍔《三禮著述提要》就著錄上百種，近年來次第刊行，然仍掛一漏萬，亟待整理。《禮記集說》的版本較為單一，現存唯一版本為 1935 年上海商務印書館影印原稿本。本項目施以現代標點，此係國內外首個整理本。其中部分文字闕失、文字錯訛等，通過對校法、本校法、他校法、理校法予以補充和更正，均出校說明。

本書係江蘇省社科基金項目
「清代大運河江蘇段場域下文人的
文化記憶建構與書寫研究」
（批准號：21ZWD002）階段性成果。

目
次

莊有可《禮記集說》整理本前言

一、本書簡介

莊有可，又名獻可、見可，字大久，號傷坎，勤學力行，經義宏深，著書四百餘卷，是清代乾嘉時期常州學派的代表人物；在禮學方面有《周官集說》《周官指掌》《禮記集說》，治禮理路與莊與存《周官記》《周官說》、莊綏甲《周官說補》一脈相承，體現鮮明的家學特徵。根據《年譜》記載，《禮記集說》始撰於莊氏四十五歲，至六十一歲方成，在其禮學著述中成書最晚、體量最大，是其禮學思想的集中體現，其學術價值可窺一斑，但目前尚未見點校本，以致其學術價值未能得到有效利用。該書一方面展現了莊氏本人的禮學見解，對於全面、深入探討其學術思想及清代禮學史、學術史都有著重要的意義。同時，書中引錄了大量前賢時彥的禮學論著，或是作為立論之基，或是作為駁斥之的，其中不乏精闢之論。

二、本書思想

莊氏在《集說》自序中指出：禮至於周而大備，蓋非止監前代而彌詳，抑亦俟百世而後王，有莫加者。迨周之衰，王跡既熄，諸侯借侈，官失其職，民亂其志，於是以禮為害己，而共務於翦棄陵轢，而後乃快，其縱恣而無所忌憚之心，蓋禮之所以亡，多由於文飾偽假之，以禮為具，而非禮之實也，故雖終其身，棲棲皇皇，不能有為於天下，而動必中禮，言必執禮，其以身教耶？抑以言教耶？迨孔子沒而世益衰、禮益廢，門弟子之親炙而受業者，亦各抱其遺以私授其人，然而性習或殊，見聞各異，故其必有所記以相傳者，守先待

-1-

後，同此維世之心也，而其所記間，不能無純駁二三之雜，則又存乎其人之學業之故也。當漢之初，禮經既亡，傳記亦寡，千金所購，有得皆珍，帝王網羅，而搜集之學士鑽研而詁訓之，則三代之禮雖不能大行於世，而其禮意所留遺，不遂至泯沒無聞，且庶幾於得所考據，豈不幸甚！而何暇更覈其醇疵也哉？蓋聖者作、賢者述，後人與前人，此情此志，固無不同也，然修詞者居業之基，即進德之效，詞有不達，則言不可行，而禮亦違其用，而況有出於支離詭誤者乎？可不自量，本諸儒維禮之意，欲竊自附於直道之民，苟記文有未盡者，必為之辯晢糾正，不敢少存阿徇；至注家不一其說，則直以己意擇善而從，以絕專家主奴之弊。以上表述從經學立場看，以《周禮》為周公首創，並以此作為評判《禮記》各篇成書作者、年代的依據，《禮記集說》鮮明的揚《周官》抑《禮記》態度，視《禮記》為非經；從著述體例看，不同於其他集說、集解類，不注出處，自出心測；經文任意分裂，務伸己見；從立論歸旨看，主張「三代可復」，以《周官》系統為中心，闡述建章立制、禮儀行止的合法性，藉此表達若干政治理想，具有經世致用、現實關懷的特點。總之，書名雖為《集說》，然非意在拘泥於成說，而是截斷眾流，成一家之言，這也是今文經學家法之一體現。

三、整理本價值

　　清代禮學甚多，僅王鍔《三禮著述提要》就著錄了上百種。隨著研究的深入，近年來，諸多出版社紛紛刊行禮學叢書，然而選題主要聚集於十三經注疏本和宋代以前版本，明清著述刊行較少，部分優秀的明清禮學典籍，則備受冷落，或是整理粗糙，或是亟待整理。《禮記集說》的版本較為單一，現存唯一版本為 1935 年上海商務印書館影印原稿本，尚未整理。本項目施以現代標點，此係國內外首個整理本。其中部分文字闕失、文字錯訛等，通過對校法、本校法、他校法、理校法予以補充和更正，均出校說明。

《禮記集說》序

　　禮之興，莫知其所由始。《易大傳》曰「黃帝、堯、舜垂衣裳而天下治」，其亦始於黃帝乎？《尚書堯典》有修五禮之文，則禮之自來，固已遠矣。厥後更歷夏、商，至於周而大備，孔子之贊周禮也曰「郁郁乎文哉」，蓋非止監前代而彌詳，抑亦俟百世而後王，有莫加者。迨周之衰，王跡既熄，諸侯僭侈，官失其職，民亂其志，於是以禮為害己，而共務於翦棄陵轢，而後乃快，其縱恣而無所忌憚之心，孔子傷之曰「能以禮讓為國乎？何有？不能以禮讓為國，如禮何」，蓋言禮之所以亡，多由於文飾偽假之，以禮為具，而非禮之實也，故雖終其身，棲棲皇皇，不能有為於天下，而動必中禮，言必執禮，其以身教耶？抑以言教耶？迨孔子沒而世益衰、禮益廢，門弟子之親炙而受業者，亦各抱其遺以私授其人，然而性習或殊，見聞各異，故其必有所記以相傳者，守先待後，同此維世之心也，而其所記間，不能無純駁二三之雜，則又存乎其人之學業之故也。當漢之初，禮經既亡，傳記亦寡，千金所購，有得皆珍，帝王網羅，而搜集之學士鑽研而詁訓之，則三代之禮雖不能大行於世，而其禮意所留遺，不遂至泯沒無聞，且庶幾於得所考據，豈不幸甚！而何暇更覈其醇疵也哉？蓋聖者作、賢者述，後人與前人，此情此志，固無不同也，然修詞者居業之基，即進德之效，詞有不達，則言不可行，而禮亦違其用，而況有出於支離詭誤者乎？可不自量，本諸儒維禮之意，欲竊自附於直道之民，苟記文有未盡者，必為之辯晰糾正，不敢少存阿徇；至注家不一其說，則直以己意擇善而從，以絕專家主奴之弊。除記四十九篇，共為文九萬八千三百一十有五，凡為之集說，得文又十九萬有奇；始於戊申，終於甲子，閱年十有七，而草稿告成，固陋僭妄不能自藏，猶冀後之君子幸加砭正，不勝至願。嘉慶九年，歲在甲子，七月既望越三日丙午，武進莊有可序。

禮記卷一　曲禮上

曲言委宛周到也。人之生也直，而禮以曲為備，蓋禮尚節文，如木生之曲，惟曲乃以成其直也。此篇皆記禮之微文末節，乃後儒雜綴古《經禮》中小學之事，編簡既多，遂分上下也。

曲禮曰「毋不敬」，儼若思，安定辭，安民哉！

此先舉禮之要也。「毋不敬」句，蓋禮經舊文，古加「曰」為引述之詞，下三句則作者釋其意也，言其文雖詳曲禮，而行曲禮者，尤當探其本也。毋，禁止詞；敬者，主一無適之謂；儼，矜莊貌；若思，非有思而如思也；安，靜也；定，審確也；辭，言也；民，人也，統百姓言，言禮必以敬為主。若思，敬之貌也；定辭，敬之言也；安民，則敬之效，見於成物矣。

敖不可長，欲不可從，志不可滿，樂不可極。

此節不詞，當刪，上既云「毋不敬」，亦無庸如此申說也。敖為惡德，必不可有，即不能驟去，亦當損之又損，以幾於無，豈得云不可長乎？欲、志、樂皆虛事，不可實用，蓋欲有欲仁，志有志善，樂有樂道；即「欲」可通作「慾」，而志、樂必難專向惡邊說；即專向惡邊說，又豈可云「滿」「極」乎？

賢者狎而敬之，畏而愛之。愛而知其惡，憎而知其善。積而能散，安安而能遷。

特舉「賢者」，見下六事，惟賢者能之。習禮之人，當先以法賢為尚也，狎所褻習者，畏若大人聖哲。愛、憎，情之私也；知善惡，明而公也。積，聚也，務本節用，財所由積也；能散，能以財發身也。安安，隨所處而安也；能遷，不懷居也。

臨財毋苟得，臨難毋苟免。很毋求勝，分毋求多。疑事毋質，直而勿有。

苟得傷廉，苟免傷義。很，堅於正也；分，與人共也。求勝傷讓，求多傷平。質，正也，疑事無可證信，不身為辯正也；直而勿有者，直雖在己若有之，則是自矜，且形人之曲，俱不可也。此與上節皆首明禮意所在，未及乎禮事也，故下乃以「若夫」繼言之。

若夫坐於尸，立如齊。禮從宜，使從俗。

若夫猶至於也。尸以象神，齊以清心，皆不可以不敬。蓋坐必抱鼓，立必磬折，此坐立之形耳，如尸如齊，則誠敬專一之至，根於心矣，故坐立當如之。宜，時宜也；使猶令也；俗，他國之俗，禮行於己，使及於人，故當審宜與俗。如尸如齊，禮之本也；從宜從俗，禮之權也，此言禮貴探本而達變，非徒拘拘於儀文之末也。

夫禮者所以定親疏，決嫌疑，別同異，明是非也。

定猶正也；決，除去也；別，分析也；明，顯著也；親疏以情言，嫌疑以勢分，言此可兼彼，故以為嫌；真假相似，故生疑也。同異以形言，是非以理言，此言禮之用，所以要曲之故。

禮，不妄說人，不辭費。

禮之用，所以使人己各得，人無不悅也，然未嘗以非道求悅也。辭費，多言也，謂不以禮而好為佞諂者，即妄悅也，不辭費，正以申不妄悅之意。

禮，不逾節，不侵侮，不好狎。

節，所以為界也。人無不悅者，禮之文也；各安其分者，禮之節也。妄悅人則文敝也，踰節則節失矣，皆非禮也。侵則僭上，侮則瀆下，好狎則褻慢於同儕，皆踰節之實也；不侵侮，不好狎，亦以申不踰節之意。

修身踐言，謂之善行。行修言道，禮之質也。

修身，動必以禮也；踐言，言已絕非禮也；行如六行之屬，修身而能踐其言，則可謂之善行矣。質猶本也，行既修而言又合道，是為得禮之本，自「坐如尸」至此，已言行禮之事，然猶探本而言歸之於質，未及於禮之曲也。

禮聞取於人，不聞取人。禮聞來學，不聞往教。

取於人，謂人來求我；若取人，則我求人以教，是好為人師也。來學亦即取於人之意，然取人則志在獵名，往教則義傷枉道，各有所蔽，皆非禮也。

　　道德仁義，非禮不成，教訓正俗，非禮不備。分爭辯訟，非禮不決。君臣上下父子兄弟，非禮不定。宦學事師，非禮不親。班朝治軍，涖官行法，非禮威嚴不行。禱祠祭祀，供給鬼神，非禮不誠不莊。是以君子恭敬撙節退讓以明禮。

　　教以事，訓以言。分，解也；辯，別也。宦，仕宦之事；學，學習藝術，二者皆有師也。班，次也；涖，臨也。恭敬之見於貌者，撙節之見於事者，退讓之見於行者；禮也者，敬也、節也、讓也，君子恭且撙退以致之，所以明禮也。既歷數非禮不由之目，故又以君子明禮之實結之，然疊字疊句俱未簡淨。

　　鸚鵡能言，不離飛鳥。猩猩能言，不離禽獸。今人而無禮，雖能言，不亦禽獸之心乎？夫唯禽獸無禮，故父子聚麀。是故聖人作，為禮以教人，使人以有禮，知自別於禽獸。

　　鸚鵡，鳥名，隴西、南海皆有之；猩猩，獸名，出交趾；麀，牝鹿也。此極言人之貴在於有禮，而又推本於為禮之聖人也。

　　太上貴德，其次務施報。禮尚往來，往而不來，非禮也；來而不往，亦非禮也。

　　太上謂聖賢之人；貴德，以德為貴；躬自厚者，務施而不責報者也，其次同類相往來之人，施報者，往來之情；往來者，施報之跡；不來不往謂往來之禮不相稱，非真不往來也。

　　人有禮則安，無禮則危，故曰禮者不可不學也。

　　安危者，治亂存亡之機也。上既言君子明禮，聖人為禮，則人盡以禮相往來矣，而尚有不能由禮，而陷於非禮以致危者，則不學之咎也，故又特言不可不學，以明作書之旨。

　　夫禮者，自卑而尊人。雖負販者，必有尊也，而況富貴乎？富貴而知好禮，則不驕不淫；貧賤而知好禮，則志不懾。

　　負販，任力逐利之細民也；必有尊，亦知長者先、少者後。老者任輕，壯者任重也。懾，畏懦也，並及貧賤者不懾，則自卑尊人，乃重在禮讓，非屈於勢利所可籍口也。此申上「有禮則安」之義。

　　人生十年曰幼，學；二十曰弱，冠；三十曰壯，有室；四十曰強，而仕；五十曰艾，服官政；六十曰耆，指使；七十曰老，而傳；八十九

十曰耄，七年曰悼。悼與耄，雖有罪，不加刑焉。百年曰期，頤。

此備舉人生自幼至老、血氣之變，以為學禮、明禮之序，見人當終身於禮也。幼，小也，幼時無事不蒙，非學無由知且能也。弱謂血氣未定，冠加於首，責成人也。壯，筋骨既堅，任為人父也；有室，娶妻而成家也，不言妻言室，容有妾媵。強，智慮卓立也；仕為治事之人，始受職於國也。艾，草名，蒼白色，五十血氣始衰，鬢髮漸白，其色似之；服官政，理邦官之大事也。耆，至也，將至老之境也；指使，不能執事，但指事以使人也。老，考也，成也，成其為老人也；傳者，自十年幼學，至於七十，禮事大明，其所為皆可傳法也。耄，昏忘也，血氣消散也；悼，可憐也，七年太幼無知，八十九十耄而昏謬，罪非己意，不可加刑也。期，年數周也，滿百則年數極矣；頤，養也，惟當致養，以待盡也。此雖歷數人生年壽之終始，而要之自學至傳，惟六十年可為人習禮、行禮之時，何可不自力也。

大夫七十而致事。若不得謝，則必賜之几杖，行役以婦人。適四方，乘安車。自稱曰老夫，於其國則稱名。越國而問焉，必告之以其制。

致猶還也；事，國事；謝猶聽也，大夫致事，君必有命，勞苦辭謝之；若其有德、康強，即不聽其致事也；几杖、婦人、安車，所以養其身體；行役，使役也；安車，坐乘小車。其國，父母之國；稱名，尊君父也。越國而問者，達尊多聞，眾所慕望，或大夫至他國，或他國使人來，有問於大夫也；制，先王之法度也。此申上七十老傳之意，蓋惟君子年至七十，亦當如之，故以大夫七十概凡學禮之人。

謀於長者，必操几杖以從之。長者問，不辭而對，非禮也。

從，就也；几以安坐，杖以安行。問者皆以不能問能，少者之事也，今長者反下問焉，故少者不可不辭讓也。此皆敬長之禮，因上言七十致事，及越國而聞，故類及之。

凡為人子之禮，冬溫而夏清，昏定而晨省，在醜夷不爭。

冬溫以禦寒，夏清以避暑，昏定以奠居，晨省以問安也。醜，眾也，夷猶儕也，不爭即讓也。此人子事親之禮，一歲一日，如此則終身可知；推之同儕，而亦不敢有爭，則事親之心，無不至矣。

夫為人子者，三賜不及車馬。

三賜，三命也；不及車馬，不敢受車馬之賜也，如魯叔孫豹，王賜路而不

敢乘，是也。古者三命不齒，若父未三命，而子輒受及車馬以為榮，則嫌以富貴上逼；《周官》「享先王則袞冕，享先公則鷩冕，不敢服王者十二章之服」，即此意也。

故州閭鄉黨稱其孝也，兄弟親戚稱其慈也，僚友稱其弟也，執友稱其仁也，交遊稱其信也。

州閭鄉黨，謂一鄉之中；兄弟，小功以下，親族內、戚族外；慈，愛親也；僚友，同官者，弟猶讓也；執友，同志者；交遊，凡所交接者，五者各以所見稱之，實皆言其知禮也。

見父之執，不謂之進不敢進，不謂之退不敢退。不問，不敢對。此孝子之行也。

執即執友也；進退、問答不敢專，敬之至也。此因上執友而舉一端言之，以見廣孝之道，其禮有如此者。

夫為人子者，出必告，反必面。所遊必有常，所習必有業。恒言不稱老。

出必告，欲親知所往之方；反必面，欲親知所至之時。遊有常，習有業，亦緣親意，使知之，不敢慢遊廢業，貽親憂也。不稱老，對親言須避老字，嫌斥親年老也。

年長以倍則父事之，十年以長則兄事之，五年以長則肩隨之。群居五人，則長者必異席。

此處鄉黨中非親非友行坐之禮。父事，隨行也；兄事，雁行也；肩隨，猶不敢並行也。古者橫席，容坐四人，則長者居席端；若有五人，應一人別席，則推長者異席；群居非禮坐，故不必人各異席也。

為人子者，居不主奧，坐不中席，行不中道，立不中門。食饗不為概，祭祀不為尸。聽於無聲，視於無形。不登高，不臨深。不苟訾，不苟笑。

主猶處也；奧，室西南隅，為室主所處者；與人同坐則席端為上，獨坐則席中為尊，尊者宜獨，可以中席，卑者不得也；道路，男子由右，亦惟尊者正道而行，卑者不得也；門中央有闑，闑旁有棖，棖、闑之中亦尊者所立，卑者不得也。概，量也，親有所食饗，當盡歡心，不可豫為限量也；尸者至尊之人，父主祭則子不可為。無聲無形，謂親言動所不及處，視聽及之，小心服事，當

無不周至也。登高臨深,危道也。訾,毀議也,苟訾近讒,苟笑近諂,皆取辱之道。

孝子不服闇,不登危,懼辱親也。

服,事也;闇,冥也,不為闇昧之事,嫌有欺蔽且卑污也。登,經歷也,危以事言,與高深異。忠臣不避難,孝子不登危,事異趨同也。

父母存,不許友以死,不有私財。

為臣死君,不可以親辭;朋友責善,則事親為大,不可許也;有私財,倍親為私蓄也。烈士輕生,貪夫殉財,不顧父母之養,皆非孝也。

為人子者,父母存,冠衣不純素。孤子當室,冠衣不純采。

純,緣也;素有喪象;冠純,冠飾也,衣純,深衣領緣也。孤子,凡年未三十早喪親者;當室,嫡子也;不當室或尚純采,蓋父於長子冠阼,以著代,服三年以稱情,則當室宜有別也。

幼子常視毋誑,童子不衣裘裳。立必正方,不傾聽。

視當作示;誑,欺也,幼子未有知識,無不效法長者,長者當常示之以不欺也;裘太溫,童子體熱不宜著,著則消陰氣,使不堪苦;裳亦成人之服,童子當給使役,著裳則不便事。方,向也,必正方不可偏向也。傾,側也,傾頭屬耳以聽,皆非正大之容。

長者與之提攜,則兩手奉長者之手。負劍辟咡詔之,則掩口而對。

提攜,牽將之也;奉手即敬長之意;負劍謂長者俯身就童子也,凡引劍者,俯身以劍負於背,則易拔也。辟,邪下也;口旁曰咡;詔,告也;掩口而對,使習知向長者當屏氣也。

從於先生,不越路而與人言。遭先生於道,趨而進,正立拱手。先生與之言則對,不與之言則趨而退。

先生,師長也;越,過也;越路與人言,是二尊也。遭,逢也;趨,進急就之也,不敢斥問先生所為,故惟正立拱手聽教而已,不與言而隨行不置,亦非所以承意也。

從長者而上丘陵,則必鄉長者所視。登城不指,城上不呼。

鄉長者所視,非止致敬,或長者有問,亦可審視承教也。不指恐惑人視,不呼恐駭人聽;城者士民所聚,聞見眾也。

將適舍,求毋固。將上堂,聲必揚。戶外有二屨,言聞則入,言不

聞則不入。將入戶，視必下。入戶奉扃，視瞻毋回；戶開亦開，戶闔亦闔；有後入者，闔而勿遂。毋踐屨，毋踖席，摳衣趨隅。必慎唯諾。

適舍，行而就人館也；求毋固，或有求於主人，毋必得也。揚聲，警室內人也；二屨，兩人之屨也；視必下，不旁窺也。扃，關戶木在戶角，奉扃謂小啟之，以兩手奉戶，致扃處也；視近瞻遠，視詳瞻略；毋回，不可迴旋轉側，嫌干人私也；開合仍舊，敬戶內之人也；勿遂，敬戶外之人也。踐屨，踏先坐者之屨也；踖，蹙也；席有上下，己在下位，不由席後就坐，而發初從上為踖席；摳，提也，衣謂裳下齊；趨，向也，隅，角也。唯、諾皆應聲，唯疾諾徐，又諾容許人事。

大夫士出入君門，由闑右，不踐閾。

闑，門橛；閾，門限，門以向堂為正，右在東。臣統於君，不敢自由，故出入君門皆由闑東；踐閾則自高，且使閾不淨，皆不敬也。

凡與客入者，每門讓於客。客至於寢門，則主人請入為席，然後出迎客。客固辭，主人肅客而入。主人入門而右，客入門而左。主人就東階，客就西階，客若降等，則就主人之階。主人固辭，然後客復就西階。主人與客讓登，主人先登，客從之，拾級聚足，連步以上。上於東階則先右足，上於西階則先左足。

此大夫、士燕見之儀，非禮見也，禮事必於廟；每門，容大外門及公門；讓，下賓也，敵者迎於大門外。寢門即堂下門；請，請命於客也；為席，布席也，示為客加敬。固辭，再辭也；肅，進也，俯手至地，亦以致敬；肅客而入，若前為導也。右在東，左在西；降，下也，降等若士於大夫，或年輩卑幼也，卑必統於尊，故就主人階也；就西階，仍正客位也。登謂升階，讓登，讓先登也，先登亦示為導也；拾，更也；級，階級也；聚足謂前足躐一級，後足從之並也；連步，足相隨不相過，重蹉跌也。上，上堂也，先右先左，欲主客相向，亦敬也。

帷薄之外不趨，堂上不趨，執玉不趨。堂上接武，堂下布武。室中不翔，並坐不橫肱。授立不跪，授坐不立。

帷，幔也；薄，簾也，大夫以簾，士以葦，如諸侯之屏在寢門內；行而張足曰趨，帷薄之外，不見尊者行，可自由不必為容也；堂上地迫，不容趨；執玉器重，不可趨，防有失墜。武，足跡也，接武，足相接也，中人足跡尺二寸；布，散也，布武，移足各自成跡，不相躐也。行而張拱曰翔，不翔亦為地迫也，

則不趨不待言；橫肱礙並坐者，不跪、不立為煩受者俯仰。

凡為長者糞之禮，必加帚於箕上，以袂拘而退；其塵不及長者，以箕自鄉而扱之。

掃席前曰糞，加帚於箕，得兩手奉箕，恭也，謂初執而往，時也；袂拘而退，謂掃時以袂擁帚之前，掃而卻行之；扱，收穢入箕也。

奉席如橋衡，請席何鄉，請衽何趾。席：南鄉北鄉，以西方為上；東鄉西鄉，以南方為上。

橋，井上桔槔；衡，平也，橋橫而左昂右低，橫奉卷席之狀如之；請，請尊者所安也；鄉，面也；衽，臥席；趾，足所向也；上謂席端。

若非飲食之客，則布席，席間函丈。主人跪正席，客跪撫席而辭。客徹重席，主人固辭。客踐席，乃坐。

非飲食之客謂講問之客也；布席，舒之令相對；函，容也，容丈足以指畫也。跪正席，敬客而加正也；撫，以手按止之，答主人之親正也。徹，重謙也；乃坐，客安，主人乃敢安也。

主人不問，客不先舉。將即席，容毋怍。兩手摳衣去齊尺。衣毋撥，足毋蹶。

舉亦問也，不先舉者，客自外來，主人宜問其安否，及所為來故；怍愧赧不安也；齊裳，下緝也，摳裳使下齊去地尺，便坐而整飭以為儀也；撥，分散貌；蹶，顛仆也。怍與撥、蹶皆不習禮之故，失之野矣，此與上節明客主相見、燕坐之儀。

先生書策琴瑟在前，坐而遷之，戒勿越。虛坐盡後，食坐盡前。坐必安，執爾顏。長者不及，毋儳言。正爾容，聽必恭。毋剿說，毋雷同。必則古昔，稱先王。

在前，當行之前也；越，胯過也；虛坐，非飲食也；盡後即不盡席尺也，盡前即食則齊豆去席尺也；若食坐盡後，則席易濺污。必安，戒好搖動也；執，守也，執顏者，久坐恐懈，當自持也。儳，雜出也，言不及而雜言之，嫌自矜也。正容、聽恭，敬遵長者之教也。剿，襲也，說當稱師友，毋得竊人言為己私也；雷之發聲，物無不同時應者，言當由己出，不可雷同，嫌心無是非也。則，法也，古久昔近，「則古昔，稱先王」乃為有據。

侍坐於先生：先生問焉，終則對。請業則起，請益則起。父召無諾，

先生召無諾，唯而起。

終則對，不敢錯亂尊者之言也；請業、請益則起，師重道也。漢時受學猶有摳衣前請之法，業若誦詩讀書之類，益謂受說不了，欲師更明說之；諾，應而未行也。

侍坐於所尊敬，無餘席。見同等不起。燭至起，食至起，上客起。燭不見跋。尊客之前不叱狗。讓食不唾。

無餘席，必盡其所近尊者之端，欲其近而聽之審也。同等不起，尊者前無私敬也。燭至異晝夜，食至為饌變，尊者不必起也。上客，尊者之上客，尊者亦起，故侍坐者不敢不起也。跋，本也，見跋則坐久夜深，故為客者，即主人固留，亦以不見為節。叱狗，嫌若風客使去；讓食之時不敢唾，嫌訾主人食也，且叱唾又皆失容。

侍坐於君子，君子欠伸，撰杖屨，視日蚤莫，侍坐者請出矣。侍坐於君子，君子問更端，則起而對。侍坐於君子，若有告者曰：「少間」，願有復也；則左右屏而待。

人氣乏則欠，體疲則伸；撰，數具也。禮，卑賤者請進不請退，請出者，長者有欲退之意，不敢留也。更端，異事也；起對，以離席致敬也。間，隙也；復，白也；屏，退避也；猶待者，雖不敢干其私密，容君子有召使也。

毋側聽，毋噭應，毋淫視，毋怠荒。遊毋倨，立毋跛，坐毋箕，寢毋伏。斂髮毋髢，冠毋免，勞毋袒，暑毋褰裳。

側聽即傾聽也；噭，聲高急也，凡應答宜徐徐而和。淫，流移也，目容宜端，不得斜眄也。怠荒，懈散不自拘斂也；遊，動散也；倨，傲慢也；箕，舒兩足如箕舌也；伏，偃臥也；髢，髲也，髮有纏韜，不可使垂如髲也；免，去冠也；褰，曳起也。凡此皆傾邪、偷惰、放縱之事，故當通以為戒。

侍坐於長者，屨不上於堂，解屨不敢當階。就屨，跪而舉之，屏於側。鄉長者而屨；跪而遷屨，俯而納屨。

屨賤，不可空陳於長者之側，長者在堂，故侍坐者屨脫堂下也；解屨，有繫須解也；不敢當階，為妨後升者；就猶著也，舉猶取也；屏於側，亦避當階也，此謂侍者獨退著屨之事。鄉長者而屨，長者送之，則當向長者著屨也；遷，徙也；納，納足也，坐左納右，坐右納左。

離坐離立，毋往參焉；離立者，不出中間。

兩相麗曰離，三相成曰參，嫌干人私也。

男女不雜坐，不同椸枷，不同巾櫛，不親授。嫂叔不通問，諸母不漱裳。外言不入於捆，內言不出於捆。女子許嫁，纓；非有大故，不入其門。姑姊妹女子子，已嫁而反，兄弟弗與同席而坐，弗與同器而食。

此皆為男女重別也。不雜坐，若男子在堂，婦人在房之類；椸，所以枷衣者；通問，相稱謝也；諸母，庶母也；漱，澣也；庶母賤，容漱衣不漱裳，裳近褻也。外言、內言，男女之分職也；捆即北堂；許嫁則纓，示有所繫屬，著誠於夫氏也。大故，喪病之屬；其門者，許嫁則有姆教之處於別室也。總言之曰女子，別言之有尊卑，則曰姑姊妹、女子子；稱女子子者，女子猶言男子，重言子者，明其已嫁成婦，非處女也；反，被出也；若歸寧，則固以客禮待矣。

父子不同席。

此承上弗與同席，言父子之間雖男子，猶不同席，以別尊卑，況女子已嫁而反者乎？男女非有行媒，不相知名；非受幣，不交不親。故日月以告君，齊戒以告鬼神，為酒食以召鄉黨僚友，以厚其別也。取妻不取同姓，故買妾不知其姓則卜之。寡婦之子，非有見焉，弗與為友。

行媒，往來通言以合好也，昏禮有問名，即知名也；有納徵，即受幣也；交親即親迎也；告君謂書嫁娶之期於媒氏；告鬼神謂六禮並在廟及三月廟見也；為酒食，燕會賓客也；厚，重慎也；取同姓是近禽獸行也；卜，決其同姓與否也；寡婦之子弗友，避嫌也；有見，有奇才卓然，眾所共知。

賀取妻者，曰「某子使某，聞子有客，使某羞」。

昏禮不賀，文云賀者，俗以問遺為賀也；昏者既為酒食，以召鄉黨僚友，故因以有客為詞。羞，進也，古者謂候謂進其禮，蓋壺酒、束脩，若犬遺物，遣人至燕會，仍親往之。

貧者不以貨財為禮，老者不以筋力為禮。

禮以貨財為文，以筋力為儀，然不可責人以所不足。

名子者不國，不以日月，不以隱疾，不以山川。

國若晉宋之屬，日月若甲庚、午申之屬，隱疾若黑肱、黑臀之屬，山川若具敖之屬，不以名為諱也。

男女異長，男子二十，冠而字。父前，子名，君前，臣名。女子許

嫁，笄而字。

異長，各為伯仲也；名命於父，幼尚質；字受於賓，長尚文，非君、父之前皆稱字，所以敬名也；君、父之前雖尊無不名。家無二長，國無二上也。女子之笄，猶男子之冠，故年至二十，雖未許嫁，亦笄也。

凡進食之禮，左殽右胾，食居人之左，羹居人之右；膾炙處外，醯醬處內，蔥渫處末，酒漿處右，以脯修置者，左朐右末。

左右皆便食也，熟肉帶骨而臠曰殽，純肉切之曰胾，食飯屬居人左右，以其近也；外內，殽胾之外內也，近醯醬，以為食之主也。渫與泄通，古字借作屑，謂薑桂屑也；處醯醬之左，言未殊加也；殽在俎，胾與膾炙、蔥渫皆在豆；酒漿處羹之右，言若酒若漿耳，兩有之則左酒右漿；始作即成者曰脯，鍛治之曰修，屈中曰朐；末，朐之兩頭也，左朐右末，亦便食也。此大夫、士與客燕食之禮。

客若降等，執食興辭，主人興辭於客，然後客座。主人延客祭，祭食，祭所先進。殽之序，徧祭之。三飯，主人延客食胾，然後辯殽。主人未辯。客不虛口。

食，飯也，客既卑，故未食現持飯，起以辭謝主人。飯為食主，故特執之；辭者，辭主人之親臨己食，若欲食於堂下然；延，道也；祭，祭始為飲食人也；客敵則得自祭，不須主人延道矣。凡祭食之法，隨主人所設前後、次第種種祭之；徧祭，徧舉骨體而祭也。三飯，飯三入口也；禮，食三飯告飽，勸乃更食，此燕食雖不告飽，然猶未食胾也，故主人又道客食胾，且至徧殽，令客食至飽也；辯，古徧字；凡食殽徧於肩，食肩則飽不虛口，猶不卒食也。客不虛口，俟主人徧殽也。禮，食先食殽，燕食先食胾；禮，食三飯告飽，不專於食，燕食須飽，故徧殽。

侍食於長者，主人親饋，則拜而食；主人不親饋，則不拜而食。

侍食於長者，與進食降等客異，此主人非長者也，若是長者，當即言長者矣。饋即進饌也，親饋，饋及己也；若不親饋，則禮非為我；不拜而食，不敢當其禮也。

共食不飽，共飯不澤手。毋摶飯，毋放飯，毋流歠，毋吒食，毋齧骨，毋反魚肉，毋投與狗骨。毋固獲，毋揚飯。飯黍毋以箸。毋嚃羹，毋絮羹，毋刺齒，毋歠醢。客絮羹，主人辭不能亨；客歠醢，主人辭以

羹。濡肉齒決，乾肉不齒決。毋嘬炙。

共食，勢不能飽，欲飽必爭多也；澤謂挼莎也，古人飯用手，共飯手宜潔淨，不得臨食挼莎，為人所穢也。取飯作摶，則易多得，是亦爭飽，非謙也；手就器中取飯，若黏著，手不得拂放本器中，當棄於筐，無筐棄於會，若仍放餘飯於本器中，亦為人所穢也。流歠，開口大歠，汁入口如水流，欲多且速，傷廉也；吒食，以舌口中作聲，是嫌主人食薄；齧骨，嫌無肉，且有聲，可憎也；反，還也，已取而復還之，嫌魚肉不美也；投骨，嫌為賤之。固獲，欲專之，且期必得，亦不廉也；飯熱當待其涼，若揚去熱，是欲快餐，亦失容；飯黍當用匕，用箸非宜；嚃為不嚼菜直吞之，亦欲速而貪多也；絮謂就器調足鹽梅，是嫌主食味惡也；刺齒，剔刺齒餘為弄口，亦不敬也；醢味厚，不可歠，歠是嫌肉醬淡薄也。主人皆辭以自謙，實以愧厲客也。濡，軟濕也；決，斷也；乾肉堅，宜用手；一舉盡臠曰嘬，炙，火灼肉，食炙當先以齒嚌，反置俎上，不可並食，亦嫌貪也。

卒食，客自前跪，徹飯齊以授相者，主人興辭於客，然後客坐。

自，從也；齊、醬、菹通名；相者，主人贊饌者；興辭，辭其跪徹，加恭也。此降等之禮，疑當在「客不虛口」下。

侍飲於長者，酒進則起，拜受於尊所；長者辭，少者反席而飲。長者舉，未釂，少者不敢飲。

酒進，長者所賜之酒，進至侍飲者之前也；尊所，陳尊之所，尊向長者，故拜受於其所，以示歸惠於主者也。此蓋初進時，當一拜受耳，否則已煩。盡爵曰釂。

長者賜，少者賤者不敢辭。

敵者禮亢，有辭讓，且長者恩意；少與賤不敢有所是非也。

賜果於君前，其有核者懷其核。

懷核，嫌棄君賜也。

御食於君，君賜餘，器之溉者不寫，其餘皆寫。

御，勸侑也；餘，餕餘也；溉謂陶梓之器可洗滌者；寫者，傳傾別器中，重污君器也。

餕餘不祭。父不祭子，夫不祭妻。

此節不詞，三「祭」字俱當改作「薦」，如俗講餕餘不可以祭，雖父不以

祭子，夫不以祭妻，此一說也。或云父、夫於禮不祭子、妻，與上句各分節，此又一說也。要皆不成說話。蓋祭字本從𠬞，持肉作𥎊，象𡗜兩手奉肉形，亦指事，讀若「求」，謂備物盡敬，以祈神之來享也；後加「示」，省𣪘作「祭」，為別也。吉禮莫大於祭，故祭必特殺，特殺則羔、豚雖微，亦可名祭，否則非肉、非牷，止謂之「薦」，是餕餘無稱祭之名，不待言也；若每食祭始食之人，雖餕餘無有不祭，而云「不祭」者謬矣。至禮以飾情，情之至者莫如父子、夫妻，故喪祭則男男尸、女女尸，殤則有陰厭、陽厭，尸無孫則取於同姓，同姓者弟行也，若妻則娣為繼室者也；子祔於祖，妻祔於祖姑，此必父、夫主之，豈有不祭者？且凡祭，族屬咸與，豈有獨父、夫不在之事？古之祭也，主婦、主人相致爵，上饌與主人相酳酢，則祭子與妻，其禮固大略可推，豈若後世之一味簡率哉？作記者大都自戰國以後人，當禮壞之極，或見有以餕餘薦者，又見有以父、夫私昵而專薦其子、妻者，亦皆非禮也，而因之混薦為祭，則不詞矣。禮有薦新，亦孝子感時念親，事亡如存之意，父、夫使人可也，親之瀆也，後人從記文為之詞，皆非也。食神與人之餘皆曰餕。

御同於長者，雖貳不辭，偶坐不辭。

御同，侍食之饌，同於長者也；貳，重殽膳也；辭，謝也；偶，二也。主有尊客，而己副之也，辭嫌疑，長疑賓饌為己設。

羹之有菜者用梜，其無菜者不用梜。

有菜者，鉶羹也；梜猶箸也；無菜謂太羹湆也，直啜之而已，其有肉調者，大羹、兔羹之屬，或當用梜也。

為天子削瓜者副之，巾以絺。為國君者華之，巾以綌。為大夫纍之，士疐之，庶人齕之。

食瓜先削皮，次半破，次四析，次橫截，次巾覆，惟天子禮全。副，析也，諸侯不析；華，半破也；果同倮，不巾覆也；疐同蒂，但去蒂不削皮也；齕，不橫斷，亦半破，可齕也。

父母有疾，冠者不櫛，行不翔，言不惰，琴瑟不御。食肉不至變味，飲酒不至變貌，笑不至矧，怒不至詈。疾止復故。

不櫛、不翔，不暇為容也；惰謂語言戲劇，若華飾文詞也；不御，不能和樂也；變味、變貌，是猶志在醉飽也；矧同齗，齒本也，大笑則見；詈，惡聲也；故，常也。

有憂者側席而坐，有喪者專席而坐。

有憂，若父母有疾之屬；側席，如席南北向，則坐者東西向，以有憂而異也；《漢書》傅喜、王嘉傳皆云楚有子玉，晉文為之側席，是「而坐」是也；專席，不與人共坐也，父母始喪，寢苫無席，卒哭後乃有苄翦不納，齊衰以下，席並不重，降居處也。

水潦降，不獻魚鱉，獻鳥者拂其首，畜鳥者則勿拂也。獻車馬者執策綏，獻甲者執冑，獻杖者執末。獻民虜者操右袂。獻粟者執右契，獻米者操量鼓。獻孰食者操醬齊，獻田宅者操書致。

水潦降謂自盛夏及秋初是魚鱉字乳時，故禁不獻也；拂，戾也，拂首，防其以喙害人；畜鳥，養馴之鳥也；策，鞭也；綏，上車之索，車馬不上於堂，故呈策綏也；甲，鎧也，冑，兜鍪也；末，拄地者，不淨不可向人，故以自向；民虜，軍所俘獲，以左手操其右袂，餘右手以防變；契，合同也，一札兩書，用右以左為證，故執右也，粟可久存，故但以契為憑，取之遲速隨便也；米，六米之等，鼓，量名，或云四石曰鼓，米可即食，故以量鼓同獻也；孰同熟，孰食，蔥渫之屬，醬齊為食主，執之則其食可知，若見芥醬，知是魚膾也；田宅，六鄉士民之夫屋也，書致謂圖書於板，丈尺委曲，書以致之，若今開四至也，古者同列相遺，皆曰獻，此所言亦包公卿、大夫，不僅為民士也。

凡遺人弓者，張弓尚筋，弛弓尚角。左手執簫，右手承弣。尊卑垂帨。若主人拜則客還辟，辟拜。主人自受，由客之左，接下承弣，鄉與客並，然後受。

弓有往來，體皆欲令其下曲，隤然順也；若遺人已定體則張之，未定體則弛之；尚，上也，弓以木為身，角近弦為面，筋在背，弓張則筋外而角內，弛則角外而筋內；簫弓稍，弣弓把，執則覆手，承則卻手也；帨，佩巾，尊卑垂帨者，賓主或一尊一卑，要其授受，皆當磬折垂帨，蓋以尊卑該敵也。拜，拜受也，還辟謂卻身避之，即逡巡也；辟拜而不答拜，以執弓不得答拜也；自受，親受也，從客左以右，客尊之也；下即簫也，接下亦右覆手，承弣亦左卻手；鄉，南向也，與客並言賓主俱南向，但主在客左耳，然後受言受必如此乃中禮也。古者射以觀德，遺弓事多，故加詳焉。

進劍者左首。進戈者前其鐏，後其刃。進矛戟者前其鐓。進几杖者拂之。效馬效羊者右牽之，效犬者左牽之。執禽者左首。飾羔雁者以繢。受珠玉者以掬。受弓劍者以袂。飲玉爵者弗揮。

進謂以物供尊者之用，非獻也；首，劍把環也；刃為末，佩劍必左，惟僕避君，佩右，故進首而又在左也；銳底曰鐏，平底曰鐓；拂，去塵也，或云進幾以彎外授人；效，致也，謂致之尊者之前，使見之非進也；右牽，便也，犬或齧囓，人左牽，以右手當禁備之；執禽謂執摯，左首，橫奉之也；繢，畫布；掬，合兩手奉之，不用袂承，恐有墜失也；以袂，文也；揮，振也。

凡以弓劍苞苴簞笥問人者，操以受命，如使之容。

苞以裹魚肉，苴以藉器而貯物，或葦或茅皆可；簞笥皆竹器，或亦以葦為之；問人，或己有事問人，或聞人有事兒問之，悉有物以表意也；操以受命，如使容者，使者操持。此上諸物，以進受尊者之命，一如臣為君聘，使受君命也，亦謂當閑其禮儀，令致命時勿使有誤遺羞耳。

凡為君使者，已受命，君言不宿於家。君言至，則主人出拜君言之辱。使者歸，則必拜送於門外。若使人於君所，則必朝服而命之。使者反，則必下堂而受命。

君言，使事也；不宿，急君命也。聘禮遂行，舍於郊是也。君言至，謂君凡有言於臣；拜辱，以尊者之命至於卑下，即為屈尊，當拜謝也。使人，君所以細故，不宜親往，親往則煩君，不得不使人也。下堂受命，如君親臨之。

博聞強識而讓，敦善行而不怠，謂之君子。

博聞強識，所以致知也；讓，禮之本也；敦善行，力行也；不怠，所以行也；君子，威德之稱。

君子不盡人之歡，不竭人之忠，以全交也。

歡，儀文之外見者；忠，情志之內出者；皆所以生禮之故也，君子躬自厚而薄責於人，故不可竭盡也。

禮曰：「君子抱孫不抱子。」此言孫可以為王父尸，子不可以為父尸。

凡稱「禮曰」，皆古禮書語也。抱，提抱也，此引禮以明為尸之法。

為君尸者，大夫士見之，則下之。君知所以為尸者，則自下之，尸必式。乘必以幾。

下，下車也；式，憑軾為敬，以答君也；尸尊，不可下車，乘以幾，慎也。

齊者不樂不弔。

樂則樂，弔則哀，齊者而有哀樂，則思散矣。

居喪之禮，毀瘠不形，視聽不衰。升降不由阼階，出入不當門隧。

毀瘠，羸瘦也；形，骨見也；許羸瘦，不許骨露也。形與衰皆嫌廢喪事，幾滅性也。隧，道也；不由阼階、不當門隧，未及虞祔，不忍遽沒其親，己即當室也。

居喪之禮，頭有創則沐，身有瘍則浴，有疾則飲酒食肉，疾止復初。不勝喪，乃比於不慈不孝。

勝，任也。

五十不致毀，六十不毀，七十唯衰麻在身，飲酒食肉，處於內。

致，極也，「不致毀」以下皆養老之事，凡人五十始衰也。

生與來日，死與往日。

喪之時日一也，在生者則為來順數其未至之日也，在死者則為往逆計其已過之日也；生者自三日成服、啜粥，以至三年免喪，復生有節，不以毀滅性也；死者自三日而殯，以至再期、大祥，時祭即吉，追遠而愈不忘也。與，猶許也，期也，生者孝思未艾，故期之於終身；死者致慕無窮，尤不樂於忌日也。

知生者弔，知死者傷。知生而不知死，弔而不傷。知死而不知生，傷而不弔。

弔，唁也；傷，悲也，或親之，或遣使致詞，皆當施於所知，不知則或偽或諂，皆非禮也。

弔喪弗能賻，不問其所費。問疾弗能遺，不問其所欲。見人弗能館，不問其所舍。賜人者不曰來取。與人者不問其所欲。

賻，助也；館，舍也；己所不能而徒問之，是口惠而實不至也；來取，人之所難也；所欲，亦人所難言也。

適墓不登壟，助葬必執紼。臨喪不笑。揖人必違其位。望柩不歌。入臨不翔。當食不歎。鄰有喪，舂不相；里有殯，不巷歌。適墓不歌，哭日不歌。送喪不由徑，送葬不避塗潦。臨喪則必有哀色，執紼不笑，臨樂不歎，介胄，則有不可犯之色。故君子戒慎，不失色於人。

墓，塋域；壟，冢也；繩屬棺曰紼，助葬本非為客，故當執紼。揖人，所以致敬；位，己之位也；臨，哭臨也；翔為行容；相，謳謠名，蓋本節樂之器，以韋為之，中裝以糠，拊以作聲者；舂者亦以其音節送杵也；送喪者不必送葬，容至郭而止也，喪不由徑，由徑非所以送喪也；葬不為雨止，則行有塗潦，有不能避者，送葬而避塗潦，非所以送葬也。介，甲也。以上十四事，皆

人接事所當戒慎，必使色稱其事，不違於心，乃無失色於人之事，故以君子總結之，其目則有十七也。

國君撫式，大夫下之。大夫撫式，士下之。

撫猶據也，據式小俛，崇敬也；下，下車也，下車之敬重於式，謂君臣俱行，臣宜降君一等。士亦謂為大夫臣者。

禮不下庶人，刑不上大夫。刑人不在君側。

下，下及也；上，上及也；禮至士而止，庶人貧賤，不能備物，不暇為禮也，故鄉里士民有禮，郊隧以外草野不言禮也；刑亦至士而止，大夫賢貴，君所尊敬，不與犯刑也。故學校教士，有撲命夫命婦，不躬坐獄訟也。然則庶人之習禮者，惟六鄉之民，以其為士也；大夫之有罪者，請罪於君，或出奔，或自殺，君不加刑也。刑人，邢餘之人，不在君側，遠奸也。

兵車不式，武車綏旌，德車結旌。

兵車尚威武，不崇敬，故不式；武車即兵車，以對德車，故又言武也。綏謂如車綏之垂，綏旌，旌垂舒之盡飾，以表威也；德車，乘車；結，收斂之，不崇威也；綏即施之，結即不施也。

史載筆，士載言。前有水，則載青旌。前有塵埃，則載鳴鳶。前有車騎，則載飛鴻。前有士師，則載虎皮。前有摯獸，則載貔貅。

史，太史之屬；士，士師之屬。筆為書具，載筆則簡牘可知；言，會盟故事，二者各以其職從君，待事者也。載猶抗也；青旌，青色之旌；鳶，鴟也，鳶鳴則風生，風生則塵起，蓋懸開口鳶於旌，若今相風鳥之類。騎，乘馬者，《詩》云「古公走馬」，已有騎馬之事，周末行師，蓋車、騎兼有也；飛鴻有行列，如車行也。士師，徒兵也，徒兵無騎，必勇士也，故載虎皮。摯獸猛，欲害人，若虎狼之屬，貔貅亦猛獸；凡軍行，皆銜枚無聲，故前行者見非常，必舉旌表事令，眾共見之，以備不虞，遠斥候也。

行，前朱鳥而後玄武，左青龍而右白虎，招搖在上，急繕其怒。進退有度，左右有局，各司其局。

行謂軍行；前，先驅也；朱雀，鳥隼旗也；後，大殿也；玄武，龜蛇旗也；左，啟也；青龍，交龍旗也；右，肱也；白虎，熊虎旗也；招搖，太白也，畫北斗於其上；在上，謂○中為指麾之主也；急，迫也；繕，治也；怒如「王赫斯怒」之怒，言威武也；前主進，後主退，左司左，右司右；度，法度也，局，

部分也，亦互言之，四方各司其局，而進退中也。

父之仇弗與共戴天，兄弟之仇不反兵，交遊之仇不同國。

此論復仇之法。父者，子之天，殺己之天，與共戴天，非孝子也，必求殺之乃止；兄弟之仇，常執殺之之備；交遊之仇，不吾避則殺之，交遊即朋友也。夫無故殺人，有常刑矣，乃又有復仇之法者，蓋君誅之不得則子報之，子報之不得則兄弟報之，兄弟報之不得則交遊報之，此仇報所以循天理、稱人情，而古者朋友一倫，亦非苟然也；自後世遊俠以睚眥皆殺人，動扞文網，而復仇之道因之以廢，不幸而有其事，孝士順弟、賢人義士能無飲恨乎！

四郊多壘，此卿大夫之辱也。地廣大，荒而不治，此亦士之辱也。

禮惟天子四郊，若大國公侯則三郊，次國小侯二郊，小國伯一郊，記者概言四郊，容周末諸侯僭制，然亦率混詞也。壘，軍壁也，數見侵伐則多壘；卿大夫，任國政之大臣也；荒，穢也，士若邑宰之屬，專主地治者，云亦兼上之役使不時言。

臨祭不惰。祭服敝則焚之，祭器敝則埋之，龜筮敝則埋之，牲死則埋之。

惰則無神，大不敬也。焚、埋之不欲褻也，焚者必已不用也，埋之猶不知鬼神之或用或否也，然祭牲而死，何異刲羊？無血之類，尤當思所以致之，豈僅埋之而已乎？

凡祭於公者，必自徹其俎。

凡，統大夫、士而言，凡助祭君所者，自徹尊君也。

卒哭乃諱。禮，不諱嫌名。二名不偏諱。逮事父母，則諱王父母。不逮事父母，則不諱王父母。

卒哭，天子九月，諸侯七月，大夫五月，士三月；諱，避也，避死者之名，敬之如神，不敢斥也；君、父生則不諱；嫌名，音與名同，文不同也；不偏〔註1〕諱，不一一諱也；逮，及也；王父母，祖父母也，王父母之諱由父而起，連言母者，婦事舅姑同，然人之幼無父而失母者亦少矣，蓋此亦為父母不在，不知王父母名者言之，既知之，當無不諱也。記如此等詞義亦多未備。

君所無私諱，大夫之所有公諱。詩書不諱，臨文不諱，廟中不諱。夫人之諱，雖質君之前，臣不諱也；婦諱不出門。大功小功不諱。入竟

〔註1〕原文旁注：偏當作徧，傳寫誤也。

而問禁，入國而問俗，入門而問諱。

私諱，家諱也；公諱，一國所共諱者；詩書謂誦詩讀書者，臨文謂史書記事者，不諱恐失事實也；廟中不諱謂有事於高祖，則不諱曾祖以下；質，對也，臣於夫人之家恩遠，諱所不及；門謂梱內，婦家之諱亦於婦前諱之耳；大功、小功不諱，旁尊也，然於其所尊亦諱之；問禁、問俗、問諱皆為敬主人也，政有所禁，俗有所惡，家有所諱。

外事以剛日，內事以柔日。凡卜筮日，旬之外曰遠某日，旬之內曰近某日。喪事先遠日，吉事先近日。

外事，人眾之事，若師、田、會、同之屬；內事，神鬼之事，若喪、葬、祭、祠之屬，天有十日，甲丙戊庚壬五奇為剛，乙丁巳辛癸五耦為柔；日必卜筮，重其事也，先遠日，避不懷也，先近日，欲以敏為敬也，恐有不虞，不能事事也。

曰：為日，假爾泰龜有常，假爾泰筮有常。卜筮不過三，卜筮不相襲。龜為卜，筴為筮者，先聖王之所以使民信時日，敬鬼神，畏法令也；所以使民決嫌疑，定猶與也。故曰，疑而筮之，則弗非也；日而行事，則必踐之。

曰者，命龜筮詞；為日，言為某事而擇日也；假，因也，託也；爾，親之之詞；泰，尊之之詞。龜制，天子尺二寸，諸侯尺，大夫八寸，士六寸；蓍制，天子九尺，諸侯七尺，大夫五尺，士三尺；有常，言吉凶不僭也；不過三謂卜筮至三而止，不可更瀆也；不相襲，卜龜有三兆，筮蓍有三易，占從二人，卜筮俱不相因也。蓋過三已瀆，相襲則嫌雷同，皆非敬信鬼神之道。筴同策，神蓍也，古者立法施令，必降命於社稷、宗廟、山川、五祀，正祭之後而祭之時日，又必決於卜筮，故民知敬鬼神、信時日，則益知法令之可畏，信、敬、畏合於一事，所以貴神道設教也。猶，獸屬，與同豫，象屬，二獸進退多疑，故以為喻；非，議也，猶言不信也；日，所佔吉之日也；踐，履也，言不敢廢其日也。「故曰」以下引舊語以結之。

君車將駕，則僕執策立於馬前。已駕，僕展軨效駕，奮衣由右上取貳綏，跪乘，執策分轡，驅之五步而立。君出就車，則僕並轡授綏。左右攘辟，車驅而騶。至於大門，君撫僕之手，而顧命車右就車。門閭、溝渠必步。

君車之駕、稅皆趣馬之事，大祭祀則典路替之；僕，御車者；策，鞭也，

執策立馬前所以馭馬，使趣馬得駕也；展，詳閱也，轄，車轄頭轉，展軨，車行以轄為要也，今之御車者將行，猶先膏軸推輾之；效猶白也，白車已駕於君也；奮衣，振衣塵也；由右，上左為君位，避之也；貳綏，副綏也；跪乘，未敢立敬也；轡，御馬索，一馬二轡，若四馬則六轡在手，其二系於軾前下也；先執策，次分轡，次驅馬，至五步而立乘，知車馬俱調和也；並轡，並於右手也，綏，正綏也，授君正綏以左手，轉身向後，引君上也；左右，侍君升車者，攘同讓，辟同避；車驅，車行也，驂，從車也；至於大門，從出也；撫，按止也；車右，勇力之士在車右，備非常者，君至大門，已俟於門外，故顧命就車也；門閭地狹，溝渠道險，不可不慎，步緩行也，如步馬也。

凡僕人之禮，必授人綏。若僕者降等則受，不然，則否。若僕者降等，則撫僕之手，不然，則自下拘之。

撫，小止之謙也；自下拘之，由僕手之下自取之也；蓋僕者降等，雖可受，然必撫其手，以示不敢；當若敵者，雖不可逕受，而僕人之禮主授人綏，故又當自下拘之。

客車不入大門。婦人不立乘。犬馬不上於堂。

大門，外大門也，不入，謙也；婦人質弱，不能立乘，異男子也；犬馬或用充庭實，非摯幣，且不便上堂也。

故君子式黃髮，下卿位，入國不馳，入裏必式。

以下泛舉雜敬之禮，故首以「故」字發之。君子謂人君，人初老則髮白，太老則發黃；式之，敬老也，人君尚爾，則大夫、士可知；卿位，卿之朝位，卿立於位以俟君，故君見之則下也；不馳、必式皆敬也。

君命召，雖賤人，大夫士必自御之。

古御、迓通，君雖使賤人來召，己必親出迎之，尊君命也。

介者不拜，為其拜而蓌拜。

蓌，有所枝柱，不利屈伸也。蓋戎容暨暨，著甲而有屈伸之拜，亦嫌挫損戎威也。

祥車曠左，乘君之乘車不敢曠左，左必式。

祥猶吉也，吉車生時所乘，葬時用為魂車者；曠，空也，空左以為神位也。凡君所在，臣皆謹避嫌疑君也，惟乘車不敢曠左，嫌為祥車也；在左必式，以君位不敢安，故式以示敬也。

僕御婦人，則進左手，後右手。御國君，則進右手，後左手而俯。

凡御皆在車中央，御婦人則進左後右，使身相背，遠嫌也；若御國君則以相向為敬，故既進右後左，而且微俯為加敬也。

國君不乘奇車。車上不廣欬，不妄指。立視五巂，式視馬尾，顧不過轂。

奇車，奇異之車，非路、非夏、非墨者也；廣猶大也，廣欬嫌自矜；妄，虛也；立視，平視也；巂本鳥名，其飛圓轉如輪，約周二丈，一名子規，即杜鵑也，故車輪一周為一規，五巂，五規十丈也；式視馬尾，小俛也，顧不過轂，為嫌掩後人之私。

國中以策彗恤，勿驅，塵不出軌。

策彗謂策之彗，即鞭之末韋帶也；郵同恤，猶愛也，以鞭末拊馬，馴愛之也；勿驅，戒詞，國中人眾，慮驚尞也；軌，車輪跡。

國君下齊牛，式宗廟。大夫士下公門，式路馬。

齊牛，祭牲也，必以時齊戒展視之；或云當作「下宗廟，式齊牛」。

乘路馬，必朝服載鞭策，不敢授綏，左必式。步路馬，必中道。以足蹙路馬芻，有誅。齒路馬，有誅。

乘路馬，異於乘路車，蓋謂始以馬駕路而閑習之也；必朝服，僕與車左、車右之所同也；載鞭策者，言此但以習馬鞭，雖主策，亦載之於車，以備物不執以策也；不敢授綏，謂御者不授左右以綏，使各自登也；又言左必式者，見不獨陪乘必式，即調駕時亦式也，右不言式，登下無常也；步亦調馬行之以達其氣，恐生疾也；蹙謂以足蹴踏之；誅，責也，以不敬故；齒，數年也。

禮記卷二　曲禮下

凡奉者當心，提者當帶。

奉，以兩手承之者；提，以一手挈之者；凡帶，下無厭髀，上無厭脅，當無骨者。

執天子之器則上衡，國君則平衡，大夫則綏之，士則提之。

前言常法，此又別為君上提、奉之差也。上猶高也，衡，平也，謂與心平也；綏，蓋如車綏下垂之末，下於心也；提則當帶矣。

凡執主器，執輕如不克。執主器，操幣圭璧，則尚左手，行不舉足，車輪曳踵。

立則磬折垂佩。主佩倚則臣佩垂，主佩垂則臣佩委。

主，君也，統天子、諸侯言；尚，上也，謂執君器及幣玉則左手在上，右手在下，吉時尚左，且防有失墜也；踵，腳後也，執器行時不得舉足，但起前拽後，使踵如車輪曳地行也；佩，玉佩也，佩倚及垂委，是君臣授受之節，倚謂附於身，小俛則垂，大俛則委於地，言臣當加恭也。

執玉，其有藉者則裼，無藉者則襲。

藉，束帛之屬；裼，衣左袒在裘葛上，襲則掩之不袒也。聘禮：賓襲執圭，公襲受圭，以誠致禮，稱其內心，故以充美為敬；及享賓，裼奉束帛加璧，以文致物，稱其外心，故又以見美為敬也。

國君不名卿老世婦，大夫不名世臣姪娣，士不名家相長妾。

此禮貴臣、貴妾之道。卿老，上卿也，世婦謂兩媵也；世臣，父時老臣，姪娣，從妻之媵也；家相，助治家事者，長妾，妾之年長者，士妾無多，故以

年長為貴也。

君大夫之子，不敢自稱曰余小子。大夫士之子，不敢自稱曰嗣子某，不敢與世子同名。

君，諸侯也，大夫，天子之大夫也；子謂當長喪者，余小子，王在喪之稱也。大夫士，諸侯之大夫士也；嗣子，某諸侯在喪之稱，見應為後之詞，但未觀王受命耳；世子，統王與諸侯言；不敢同名，辟僭也。

君使士射，不能，則辭以疾，言曰：「某有負薪之憂。」

周之末世，禮教衰微，故士有不能射者，然猶不可以不能辭，故云疾也；負，擔也，薪，樵採所獲，負薪，庶人之事，憂，勞也，諱言有疾，故不勝射事也。

侍於君子，不顧望而對，非禮也。

侍於君子，年長者先對，然不顧望則如恐人之先己，嫌輕遽也，顧望者從容詳審，有察言觀色之意。

君子行禮，不求變俗。祭祀之禮，居喪之服，哭泣之位，皆如其國之故，謹修其法而審行之。

求猶務也，言君子雖意主行禮，而不務變人國之俗，如啟以商政、夏政是也，其法亦即其國之法，或久而廢壞，或不宜於今，但當謹修而審行之，庶幾不背於禮而已。祭祀、居喪、哭泣，舉其重者言之。

去國三世，爵祿有列於朝，出入有詔於國，若兄弟宗族猶存，則反告於宗後，去國三世，爵祿無列於朝，出入無詔於國，唯興之日，從新國之法。

三世，自祖至孫也；爵祿有列於朝，謂君不絕其先祀，復立其族為後也；出即去也，入即返也，詔，告也，出入有詔於國，謂己既出奔於國，無位，而或出或入，與本國之卿大夫吉凶往來，猶相赴告也；若兄弟、宗族猶存，謂雖無列無詔，而猶有兄弟、宗族在國者；宗後，宗子也，返，還也，惟告宗後，不敢告君也；興謂起為卿大夫也，從新國之法，故國於己無恩也，推此而言，故國猶有列詔者，雖仕新國，猶行故俗，若無列無詔而未仕新國，猶不從新國法矣。

君子已孤不更名，已孤暴貴，不為父作諡。

名命於父，已孤更名，是廢父命也；父未貴已沒，因己貴而為父作諡，是

嫌父賤，不得為貴人父也。

居喪，未葬，讀喪禮，既葬，讀祭禮，喪復常，續樂章。居喪不言樂，祭事不言凶，公庭不言婦女。

喪，君與父母之喪也，喪禮如朝夕奠下室、朔望奠殯宮，及葬時諸禮也，祭禮謂虞、卒哭、祔、練、祥、禫諸禮也。復常，禫除後也；樂章，樂書之篇章，即《詩》也。此三節事須豫習，故皆許讀之，蓋大功廢業，哀不至學也。不言者，吉凶之事不相干，哀樂之情不可貳，男女各有其位，不可瀆也。

振書端書於君前，有誅；倒筴側龜於君前，有誅。

臣不豫事，不敬也。振，去塵也，端，正也，倒，顛倒也，側，反側也，皆謂甫省視之。

龜筴，几杖，席蓋、重素、袗絺綌，不入公門。苞屨，扱衽，厭冠，不入公門。書方，衰，凶器，不以告，不入公門。

龜蓍各有官守，若以私擅入公門，防有異謀；几杖皆長老所用，臣子於公所，亦不得擅有；席以安坐，蓋以禦日與雨，袗絺綌以當暑，皆燕安之具，入公門用之皆不恭也；重素，衣裳皆素喪服也；苞屨，齊衰藨蒯之菲也；扱衽，子未成服，悲哀形事也；厭，伏也，厭冠，厭帖無梁纚喪冠也；書，條錄送死對象數目多少者，百字以上用方板書之，故云書方；衰，喪服也，凶器，棺材及槨中明器也。臣在公宮而死，凶具宜告以入，君子不奪人之喪，然臣子之義嫌於不祥，故舉其重而避之。

公事不私議。

嫌無君且專斷也。

君子將營宮室。宗廟為先，廄庫為次，居室為後。凡家造，祭器為先，犧賦為次，養器為後。無田祿者不設祭器；有田祿者，先為祭服。

君子，統天下諸侯言；廄以安牛馬，庫以藏貨物。家統大夫士言；造，為也，具也；犧，牲物也；賦，武備也，皆食邑所稅；養器，凡自養飲食之器；設猶造也，無田則不祭，故不設也；服當稱體，不便假借，故先為之。

君子雖貧，不粥祭器；雖寒，不衣祭服；為宮室，不斬於丘木。

粥，賣也；丘，壟也。不粥、不衣、不斬，廣敬也。

大夫士去國，祭器不逾竟。大夫寓祭器於大夫，士寓祭器於士。

祭器，君之田祿所造，己既去國，則器不可出境自隨，猶濫用之，且去

國無田則不祭,器亦無所用之;若在他國又仕而有田,亦可更造也。寓,寄也,言寄冀己復還也;物不用則蠹生,故寄於同僚,使之得用而物亦不易毀壞也。

大夫去國,逾竟,為壇位鄉國而哭。素衣、素裳、素冠、徹緣、鞮屨、素簚,乘髦馬。不蚤鬋。不祭食,不說人以無罪;婦人不當御。三月而復服。

壇位,除地為位也;鄉國而哭,傷之也;臣無君猶無天也,又去其宗廟,捨其墳墓,無祿以祭,故必以喪禮處之:衣裳冠皆素,變服也,吉時有採以為衣裳之緣,遭凶喪則徹也;鞮屨,革屨也,雖去毛而非韋,則非吉屨也;簚同幦,覆笭也,素簚即白狗幦也;髦馬,不鬇落也,吉則剪剔馬毛為飾;蚤,治手足爪也,鬋,治鬢鬚也。凡食必祭始為飲食之人,惟喪凶不祭,以不志食也;不說人以無罪,善則稱君,過則稱己,人臣之道,若自說無罪,嫌惡其君也。吉時婦人以次御,今自貶如居喪,故否也。三月,一時備天氣小變,復服,復其常服之事也。

大夫士見於國君,君若勞之,則還辟,再拜稽首。君若迎拜,則還辟不敢答拜。

勞,慰勞也,親愛之意;還辟,逡退避也;迎拜,君迎臣而先拜之,尊敬之至也,言若皆或然之事,非常禮也;再拜而又稽首,重君之恩意厚也,不敢答拜,嫌亢如賓也。

大夫士相見,雖貴賤不敵,主人敬客,則先拜客;客敬主人,則先拜主人。

凡相見禮,無不拜,不特執贄始見也,然有先後之別,各存於其相敬之心。

凡非弔喪,非見國君,無不答拜者。

弔喪不答主人之拜,所以體孝子之心,以其痛深事劇,不欲更為賓主之禮以擾混之也。不答君拜,不敢亢也;君拜,即上迎拜之,拜禮尚往來,故無不答拜也。

大夫見於國君,國君拜其辱。士見於大夫,大夫拜其辱。同國始相見,主人拜其辱。君於士,不答拜也,非其臣,則答拜之。大夫於其臣,雖賤,必答拜之。男女相答拜也。

國君、大夫之拜辱,拜大夫士之始為臣者也,謙己不德,不足為之君也;

士賤，故君不答拜；大夫答臣拜，避君也，嫌於疑諸侯；男女或嫌以遠別，不答拜，故特著之。人倫之義，以敬為本也。

國君春田不圍澤，大夫不掩群，士不取麛卵。

澤，藪也；群，獸群聚處；麛卵，鳥獸子也，春時生乳，惡重傷之。

歲凶，年穀不登，君膳不祭肺，馬不食穀，馳道不除，祭事不縣。大夫不食粱，士飲酒不樂。

登，成也，君、大夫、士皆為歲凶自貶損，憂民也。禮，食殺牲則祭，周人以肺，天子日食少牢，朔月太牢；諸侯日食特牲，朔月少牢；不祭肺，不殺也；不食穀，芻秣而已；馳道，御路也，除，治也；縣，樂器鍾磬之屬，不縣，雖祭不作樂也。大夫食黍稷，以粱為加食，凶年故去之；飲酒如冠昏、嘉慶之事，禮不可廢，但不極樂耳。

君無故，玉不去身；大夫無故不徹縣，士無故不徹琴瑟。

故，謂災患、喪病；玉，佩玉也，玉、縣、琴瑟本通乎上下，蓋互言之。

士有獻於國君，他日，君問之曰：「安取彼？」再拜稽首而後對。

安取彼，言其物從何處得來，不即問而至；他日者，士獻雖親之，然亦不敢面告於君，致於將命者而已，恐君之答己拜也，故見君時，君乃問之；再拜稽首，重君問之恩意也。

大夫私行出疆，必請。反必有獻。士私行出疆，必請。反必告。君勞之，則拜；問其行，拜而後對。

人臣無越竟之交，而有私行者，猶人子當定省溫凊，而亦有遊也，蓋公義雖在所禁，而私情亦有不能盡廢者，但必請命而行，則亦不敢自專矣；大夫必有獻告，不待言也，士微，反必告，容不能有所獻；問行，若道中無恙及所經過，先拜後對，急謝見問之恩也。

國君去其國，止之曰：「奈何去社稷也！」大夫，曰：「奈何去宗廟也！」士，曰：「奈何去墳墓也！」國君死社稷，大夫死眾，士死制。

臣民各止其君，使勿去，忠厚之至也。以社稷、宗廟、墳墓為言者，皆指其所本也。諸侯社稷，受於天子；眾，君師也，制亦君命所使為者。

君天下，曰天子。朝諸侯，分職授政任功，曰予一人。踐阼臨祭祀，內事曰孝王某，外事曰嗣王某。臨諸侯，畛於鬼神，曰有天王某甫。

天下，統四海言；朝，時朝也，兼朝覲、會同、巡狩言；職、政、功皆以

諸侯言，因朝而分之、授之、任之也；阼，主階也，踐阼臨祭祀，為大祭祀之主也；內事，宗廟、人鬼之祀事，對祖考言，故曰孝某名也；外事，天神地示之祀事，嗣王繼前王而主祀事也；臨諸侯，謂巡狩至諸侯之國；畛，接也，祭於畛謂之畛，猶祭於郊謂之郊，所過望秩之也；曰有者，天子祭所過山川、神示；偶事，非常事也；某甫，王之字，不稱名，至尊也，此皆擯者、祝者之詞。

崩，曰天王崩。復，曰天子復矣。告喪，曰天王登假。措之廟，立之主，曰帝。

《書‧顧命》乙丑王崩不稱天，此據《春秋》言耳；復，招魂復魄也，復不言名字，天子天下一人，不疑也；登，升也，假同遐，遠也，言其魂氣上升而遠去，神之之詞也；措，謂祔也，祔而作主，商本稱王，而《易》《書》俱言帝乙，則王之主蓋稱帝也。

天子未除喪，曰予小子。生名之，死亦名之。

《書‧顧命》「渺渺予末小子」，此受先王冊命之詞；「予一人，釗報誥」，此見諸侯之詞；生名、死名，蓋據《春秋》書王猛言，與成君異，然或既葬踰年則不名矣，記者俱僅舉一端言也。

天子有后，有夫人，有世婦，有嬪，有妻，有妾。

禮，天子娶后，本國媵以三女，又三國媵之各三女，共十二姜，為三婦人、九嬪，皆貴妾也；其下又有世婦二十七、女御八十一之數，然雖有其員，不必備其人也。今記世婦在嬪上，又妻本嫡稱，非可混舉而在嬪下，蓋記者雜杳言之，不足盡憑也。此節當在「公侯有夫人」上，錯簡也。

天子建天官，先六大，曰大宰、大宗、大史、大祝、大士、大卜，典司六典。天子之五官，曰司徒、司馬、司空、司士、司寇、典司五眾。

大士之士，疑古仕字，蓋掌以神仕之長也；司徒主徒，司馬主軍，司空主役事，司士主仕人，司寇主有罪，故分言之有五眾也，凡餘官俱見《周官》。周制六官，以天地四時分建，此但言建天官，記者蓋不知地與四時之名，故強為之說耳；六大即六官之六大也，記者不知周制，以大宗以下五大並大宰為六大，妄也。蓋以大名官，如大府、大司樂、大師、大行人、大僕、大馭，不論冬官之屬，正不少矣，況六官之長皆大乎？大史、大祝、大士、大卜，皆大宗伯之屬；司士、司馬之屬，戰國以後周籍已無可考，記者約舉所知，助以臆

說，亦不足憑也。

天子之六府，曰司土、司木、司水、司草、司器、司貨，典司六職。天子之六工，曰土工、金工、石工、木工、獸工、草工，典制六材。

《周官》六府有大府、玉府、內府、外府、泉府、天府，此以六司當之，亦臆說也；六司之名，即春秋列國俱未之聞。工人見《考工記》，凡五工三十，餘事無算，工大略近是，然亦不必天子始有之也。記者之意蓋以六大掌天事，五官掌民事，六府、六工掌物材，以見事天、治人、用物之道，不外乎是。

五官致貢，曰享。

貢，功也，享，獻也，歲終，致其一歲之功於王也，然亦當冢宰與五官各率其屬而貢之於王，非止五官也，記者之意專重民事，故止言五官，蓋以事天理物，皆為民也。

五官之長，曰伯，是職方。其擯於天子也，曰「天子之吏」。天子同姓，謂之「伯父」，異姓謂之「伯舅」。自稱於諸侯，曰：「天子之老」，於外曰「公」，於其國曰「君」。

伯，長也，言為百官、諸侯之長也，即周之三公。周制，三公、三孤多六卿兼官，而實為六卿之長，是或為氏職主也。方，四方也，《春秋傳》自陝以東周公主之，自陝以西召公主之，一相處乎內，謂三公也，蓋二伯分主東西，《周官》有職方，即其貳考也。擯為天子上相，接見諸侯也；天子之吏，對諸侯之稱，《春秋傳》王命委之三吏是也。伯父、伯舅，天子稱三公也；自稱，不為擯之常稱也；外謂他國，其國，其自治所食也，此泛稱之詞。

九州島島島之長，入天子之國曰「牧」。天子同姓，謂之「叔父」，異姓謂之「叔舅」，於外曰「侯」，於其國曰「君」。

牧，養也，為天子養民也，《周官》八命作牧，一州一長，亦有外三公兼之，蓋三公則稱伯父、伯舅，大侯止稱叔父、叔舅。魯昭公時，王室衰微，稱晉為伯父，蓋從二伯之稱，然禮之過也；周初虞、虢、宋皆為州牧，不止大侯也，記者止言侯，則不知有公矣；曰侯曰君，承上三公泛稱。言諸侯見天子節，當在此下而承「涖牲曰盟」之後，亦脫簡。

其在東夷、北狄、西戎、南蠻，雖大曰「子」。於內自稱曰「不穀」，於外自稱曰「王老」。

此謂六服外之國君也。內謂其國中，穀，善也，不穀猶言不肖，謙詞也；外謂其所屬種落，王歸往也；荒服者，王本皆蕃國也，稱王老，威遠方也。

庶方小侯，入天子之國曰「某人」，於外曰「子」，自稱曰「孤」。

此非也，侯伯以下，雖國小亦以爵稱，不容混，記者讀《春秋》不熟，為此臆說耳。

天子當依而立，諸侯北面而見天子，曰覲。天子當寧而立，諸公東面，諸侯西面，曰朝。

此亦非也。依同扆，狀如屏風，以絳為質，高八尺，繡白黑斧文，加畫皇鳥於上，周制：王位設黼依，則凡王位所在，無不設黼依者，不止戶牖間也。覲禮，天子位於堂上，諸侯覲於堂下；《射人》「諸侯在朝，則皆北面」，則朝當在路門外、應門內。若寧在屏間，天子外屏在大寢中門外，中門即畢門也，寧當在門內，此內朝也，天子當寧而立，亦當有依，公、侯、伯非大會同，無東面、西面之位。

諸侯未及期相見曰遇，相見於郤地曰會。

此更非也。周制：諸侯冬見天子曰遇，時見曰會，諸侯或因朝覲而道相遇，不應豫有期約；非天子巡狩會朝於方岳，不應有見於郤地之事，皆因讀《春秋》不熟而繆為臆說耳。

諸侯使大夫問於諸侯曰聘，約信曰誓，涖牲曰盟。

周制：諸侯邦交，殷相聘也；約，要約也，僅以言相約信則曰誓，殺牲而臨之以神則曰神盟，故有司盟之官；凡聘、誓、盟，天子、諸侯皆有之，此亦未備。

諸侯見天子曰「臣某侯某」，其與民言，自稱曰「寡人」。

臣某、侯某，嗇夫承命告天子詞也；於敵以下自稱皆曰寡人，此舉一端耳。

其在凶服，曰「適子孤」。臨祭祀，內事曰「孝子某侯某」，外事曰「曾孫某侯某」。

此俱非也。凶服，未除喪也，其為喪主，則擯者告賓，但言孤某，則嫡子可知；若告應為後詞，則但當言嫡子某，不必言孤，既言適子，又言孤，不稱名，不詞也；內事惟喪祭，既祔後可稱孝子某，若吉祭則諸侯、五廟同祫，當云孝孫某或曾孫某，無可稱孝子者也；自禰已上既皆某侯，又自稱某侯，贅也；凡孫皆繫於祖。外事雖天子於天地但稱嗣王，以人與神示無氏族可通也；

諸侯於山川、百神何由而曾孫乎哉？孫或為臣字之誤，《春秋傳》晉平公稱曾臣彪是也，偽《古文尚書》云「有道曾孫」，其無理不詞，蓋此記誤之也。

死曰「薨」，復曰「某甫復矣」。既葬見天子曰類見，言諡曰類。

此亦不盡然也。死曰薨，本國史詞，為其臣民者云然耳；某甫，舉字降於天子，不言名，尊於大夫以下也；既葬，無見天子之理，當在除喪後以士服入見，本亦用諸侯見天子之禮，而始見與士服皆於諸侯見天子其禮有不盡同，故別名類見也；言諡或即請諡之意，類或以為類聘而行，然未聞，或又云「類，當作誄」，俱未詳也。

諸侯使人使於諸侯，使者自稱曰「寡君之老」。

老，家臣之長，此上卿之稱。

天子穆穆，諸侯皇皇，大夫濟濟，士蹌蹌，庶人僬僬。

此論貴賤行容之節。穆穆，深遠也；皇皇，莊盛也；濟濟，齊飭貌；蹌蹌，舒揚貌；僬僬，促數貌，卑賤徑直，不為容止也。尊者容重，卑者容輕；尊者容舒，卑者容遽，其次然也。

天子之妃曰「后」，諸侯曰「夫人」、大夫曰「孺人」，士曰「婦人」，庶人曰「妻」。

妃，配也；后，後也，言其尊後於天子也；夫，扶也，帥也，言上能扶助君子，下能為嬪婦之帥之人也，故後之下亦有三夫人焉；孺，屬也，然其稱未詳，聞曰內子矣；婦，服也，言執箕帚以事人也；妻，齊也，判合齊體也，然婦與妻乃上下通稱，不必士庶人也。

公侯有夫人，有世婦，有妻，有妾。

夫人之下當有嬪，而世婦下當有女御，無妻，妻即夫人名，不可假也，「有妻」二字當刪。

夫人自稱於天子，曰「老婦」；自稱於諸侯，曰「寡小君」；

老婦，老之婦也，牧、伯、大侯皆天子之老也；諸侯夫人，同姓者容來朝助祭，異姓者或為天子外姑及姑姊妹，皆有見天子之禮；敵國稱寡小君，亦容外姑等得相見也，然皆擯者稱之，無自稱之理，兩「自」字當刪。

自稱於其君，曰「小童」。自世婦以下，自稱曰「婢子」。

小童，若未成人無知之貌；婢，卑也。

子於父母則自名也。

子通男女言，名本父母所命，故自呼之無他稱，尚質也。

列國之大夫，入天子之國曰「某士」；自稱曰「陪臣某」。

某士，若《春秋傳》晉韓起稱晉士起是也；陪，重也。

於外曰「子」，於其國曰「寡君之老」。使者自稱曰「某」。

大夫於外，無稱子之禮，他人尊之，乃有子稱，此亦讀《春秋》不熟之誤。凡使者自稱，則直曰某，以非擯者代稱故也。

天子不言出，諸侯不生名。君子不親惡。諸侯失地，名；滅同姓，名。

此皆非也，周之制禮無由生，此義例以釋《春秋》或可，亦記者讀《春秋》不熟耳。親猶躬也，謂天子言出、諸侯生名，及失地、滅同姓名，皆親為惡之，故君子所不為也，然不詞也。

為人臣之禮，不顯諫。三諫而不聽，則逃之。子之事親也，三諫而不聽，則號泣而隨之。

顯諫，直斥其惡也；逃，去也；人臣之諫固有犯無隱，然於禮亦不貴直斥也，君臣以義合，三諫不聽，則於義不能合，故當去，不可貪位也；子於親無可去，又不可遂親之過，故當以誠感之。

君有疾，飲藥，臣先嘗之。親有疾，飲藥，子先嘗之。醫不三世，不服其藥。

疾為死生之交，不可不慎。先嘗，或慮有毒害也，亦猶品嘗視膳之意，而又加慎焉；必三世者，以其世業乃精也，又說云三世者，一黃帝針灸，二神農本草，三素女脈訣，不習此三世之書，不得服其藥。

儗人必於其倫。

儗猶比也；倫，類也。

問天子之年，對曰：聞之，始服衣若干尺矣。問國君之年，長，曰能從宗廟社稷之事矣；幼，曰未能從宗廟稷社之事也。問大夫之子，長，曰能御矣；幼，曰未能御也。問士之子，長，曰能典謁矣；幼，曰未能典謁也。問庶人之子，長，曰能負薪矣；幼，曰未能負薪也。

不知而問者，若王則遠方異域也，蓋亦謂新即位而年幼者，天子至尊，不敢言其年，又不可斥其所能，故但以所聞服衣對也，約其數曰若多少。曰干宗

廟社稷，事神之事也。御，六藝之一，能御則事有所制，蓋能調馬則必能治人矣。天子、諸侯繼世象賢，其年不定，故有問年者。大夫五十乃爵，士亦四十強仕，故年不待問，但問其子也。典，主也，謁，請也，謂能將命出入事人之事也；負薪則力役之事耳，此尊卑、勞逸、才德之別也。

問國君之富，數地以對，山澤之所出。問大夫之富，曰有宰食力，祭器衣服不假。問士之富，以車數對，問庶人之富，數畜以對。

宰，邑士也；食力，食下民之稅力也；天子富有四海，固無倫比可問；國君受封有常制，亦不待言，惟地有山澤，所產無常，其寶藏興廢，原於天封，殖溝導資乎人，故數其所出以對，以見寶藏之多，且示不求多於常賦之外也；大夫有家臣、受采地，曰有宰則見其不親猥務，曰食力則見其不爭民利，祭器、衣服俱不假則又見其厚於事先也；士以車數見其命賜之厚，庶人數畜見其畜牧之勤。君子不苟於求富，故財不妄取；不驕於居富，故財不溢用，問對之間皆有禮義焉。

天子祭天地，祭四方，祭山川，祭五祀，歲遍。諸侯方祀。祭山川，祭五祀，歲遍。大夫祭五祀，歲遍。士祭其先。

天子有天下，故祭遍天下之神，冬日至祀天，夏日至祭地，四時各祭其方以迎氣，又各望祭其方之山川以及五祀，歲無不遍也；諸侯有國，故祭遍一國之神，方祀者，其國內當方之祀也；祭山川，祭國內之山川也，以及五祀，亦歲無不遍也；大夫有家，門、井、戶、灶、中溜，家之所必具也，故亦因時而歲遍焉；士非無家，然名位卑微，或不能備禮，先者，身之所自來也，云祭其先，亦言有必不能已者耳，非謂五祀不當祭也；若無田，則先亦不能祭矣。

凡祭，有其廢之莫敢舉也，有其舉之莫敢廢也。非其所祭而祭之，名曰淫祀。淫祀無福。

先王之禮，有祭法、有祭義，有廢若廟久而祧毀，有舉若上下各有品秩，如稷之廢柱立棄，亦其一端也；淫，過也，非所祭若臧文仲祀爰居之類；福者，百順之名也，僭諂無上，罪又甚焉。

天子以犧牛，諸侯以肥牛，大夫以索牛，士以羊豕。

此亦承凡祭言。犧，純色也；肥，養於滌也；索，臨事求得也，此大夫、士當指王官言，諸侯之大夫、士而用牛羊，則僭矣。

支子不祭，祭必告於宗子。

支子而祭，是二宗也，告於宗子者，以祭物致於宗子，祭仍宗子主之，而支子與焉，蓋此亦謂如支子之子祔於祖之類，非是則不祭也。

凡祭宗廟之禮，牛曰一元大武，豕曰剛鬣，豚曰腯肥，羊曰柔毛，雞曰翰音，犬曰羹獻，雉曰疏趾，兔曰明視，脯曰尹祭，槀魚曰商祭，鮮魚曰脡祭，水曰清滌，酒曰清酌，黍曰薌合，粱曰薌萁，稷曰明粢，稻曰嘉蔬，韭曰豐本，鹽曰鹹鹺，玉曰嘉玉，幣曰量幣。

此詳釋牲幣等號。元，頭也，武，迹也，牛肥則腳迹大，豕肥則脊鬣剛；腯，充滿也，豚之肥無可表見，故統言腯肥也；羊肥則毛細而柔；翰，大翮，雞肥則振羽長鳴也；犬肥則羹可獻，其羹美也；雉肥則兩足開張，趾相去疏也；兔肥則目開而視明也；牛云一頭，豕以下不言數者，皆從所用，並宜云若干也；雞、雉為膳及臘，則不數。尹，正也，亦或云修，言當修正也；槀，干也，商，量度也，乾魚當量度、燥濕得中而用之；脡，直也，鮮魚熟當脡直，若餒則敗碎不直也，三者皆以祭名，以魚臘脯雖微必祭，庶羞雖美而不祭也。清滌者，明水涗齊，其體至清，可用以滌五齊也；清酌者，酒去糟而為清，亦可酌以祭饗也；薌，香也，合，黏也，黍之美者，性黏而氣香也；萁，餘也，粱之美者，餘亦香也；稷為五穀之長，明，潔也，粢，鑿也；嘉蔬者，畦畛而種，待水以生者皆曰蔬，而稻尤嘉穀也；豐，茂也，古者蔥韭皆以本言，韭則地美而豐也；大鹽曰鹺，出河東，量合制也。凡諸號若一祭並有，則舉其大者，或止雞犬，若魚兔及水酒、韭鹽之屬，則各舉其號也。

天子死曰崩，諸侯死曰薨，大夫死曰卒，士曰不祿，庶人曰死。在床曰尸，在棺曰柩。

崩，如山之崩，自上顛壞也，薨亦顛壞聲，視崩差小狹耳；卒，終也，不祿者，士以祿代耕，死則以所食邑祿歸於公，不世也；死之言澌也，言消盡無餘，無令名垂後也；尸，陳也，未殯詞也；柩，久也，久藏期於不朽，已殯詞也。此謂死後異稱。

羽鳥曰降，四足曰漬。死寇曰兵。

降，落也，羽鳥本化於風，降而死者，其變也；四足，牛馬之屬，漬，染漬也，為災則相染漬而死也；寇難之死亦異於常人，而是非又在其自取。蓋三者皆不得其死之詞。

祭王父曰「皇祖考」，王母曰「皇祖妣」。父曰「皇考」，母曰「皇妣」，夫曰「皇辟」。

王者，假借之義，父母之上復有父母，猶君之上復有君也；皇，大也，考，成也，言德行成也；妣，媲也，辟，法也，君也，皆卒哭後尊人鬼之號。

生曰父曰母曰妻，死曰考，曰妣，曰嬪。

嬪，婦人有法度之稱，此詳生死異稱，然亦可通稱也。

壽考曰卒，短折曰不祿。

前以爵言，此以德言，壽謂享年之久，考謂有成德也，早死曰短，中絕曰折。

天子，視不上於袷，不下於帶；國君，綏視；大夫，衡視；士，視五步。凡視，上於面則敖，下於帶則憂，傾則姦。

袷，交領也，綏謂上車索繫車處，蓋當頷也；衡，平也，平視及面也；視五步，旁視左右，遊目於五步中也，此皆指天子、諸侯、大夫、士之視人言；敖，驕也，憂者，其神奪也，傾，欹側也，流目不正則有姦惡之意也。

君命，大夫與士肄。在官言官，在府言府，在庫言庫，在朝言朝。

君命，奉君命而有所營為也；大夫其長也，士其屬也，肄，豫習也，先習治之，而後為之，重君事也；官，版圖文書之處；府，寶藏貨賄之處；庫，車服兵甲之處；朝，君臣合謀之處，言猶議也，皆當各就所事之地，熟議而行，不敢他及也。

朝言不及犬馬。輟朝而顧，不有異事，必有異慮。故輟朝而顧，君子謂之固。在朝言禮，問禮對以禮。

犬馬，私褻之事，在朝言之，不敬也；輟朝而顧，朝時不循朝禮，而妄有驚顧也；異事、異慮，皆姦也；固，陋也，不達於禮也，君子不以奸逆人，故謂之固，言禮必以禮也。

大饗大問卜，不饒富。

大饗，蓋指天子饗諸侯，及諸侯兩君相饗言；不問卜者，凡牲與日，若祀神則當卜，此人事也，又非有會盟、征伐之事，故不卜也，然詞亦不別白；饒富，饒於富也。

凡摯，天子鬯，諸侯圭，卿羔，大夫雁，士雉，庶人之摯匹。童子委摯而退。野外軍中無摯，以纓，拾，矢，可也。婦人之摯，椇榛脯修

棗栗。

摯之言至也，鬯取其氣之芬芳調暢也，《周官》：諸侯來朝，問皆以修鬯，用修是也；諸侯言圭不言璧，略也；匹，鶩也。童子之摯，束脩也；委而退，未成人不能為禮也。纓，馬絡首之飾；拾，射鞲也；可也者，示意而已。椇，白石李也，形如珊瑚，味甜美，榛，實如栗而小。

納女於天子，曰「備百姓」，於國君，曰「備酒漿」，於大夫，曰「備埽灑」。

納女，致女也，女家遣人致之，此其詞也。姓之言生也，禮，天子內官，媵御之屬百二十人，所以廣子姓也；酒漿賤，婦人之職，《周官》有女酒、女漿以供賓祭；埽灑，有家之事，皆謙詞也。然備百姓以嗣續為重，備酒漿、埽灑則以賓祭為重，蓋尊卑之別。

禮記卷三　檀弓上

公儀仲子之喪，檀弓免焉。仲子舍其孫而立其子，檀弓曰：「何居？我未之前聞也。」趨而就子服伯子於門右，曰：「仲子舍其孫而立其子，何也？」伯子曰：「仲子亦猶行古之道也。昔者文王舍伯邑考而立武王，微子舍其孫腯而立衍也；夫仲子亦猶行古之道也。」子游問諸孔子，孔子曰：「否！立孫。」

立庶子，非也。禮，朋友皆在他邦，乃袒免，檀弓之免，蓋酌弔友之禮而加厚，未純用他邦無主之禮也；而始知仲子舍孫立子，故怪問之。免，冠武也，禮，冠不屬武，故去冠留武為免也，其制蓋以布廣二寸為之，若今頭箍，然古人則以著頭為禮冠之襯也；何居，言義何所處，前猶故也；伯子，孟獻子玄孫，子服，景伯也，伯邑考，文王適子，然不見有後，疑早死無子，非舍也，立衍不言弟，則衍當為微子庶子，伯子之言非也，蓋為之詞耳，然因此而後人且疑伯邑考當有子矣，至《史記》《家語》皆以衍為微子弟，則與伯子言又不合，若微子果尚有弟，則周初封建，不當獨闕，或衍即宋公稽之異名，訛以傳訛，以為微子之弟，又以為微仲，皆非也。

事親有隱而無犯，左右就養無方，服勤至死，致喪三年。事君有犯而無隱，左右就養有方，服勤至死，方喪三年。事師無犯無隱，左右就養無方，服勤至死，心喪三年。

隱，掩蓋也，犯，犯顏而諍也，左右謂扶持之，方猶常也，言就而養之，不離左右，無形定也；勤，勞辱也，致之言至也，哀情至極，惟已所致也；就養有方，各司其事，不侵官也，方，比也，父以恩、君以義，其事同也；心喪，

戚容如父而無服也，事師之道，在恩義之間。

季武子成寢，杜氏之葬在西階之下，請合葬焉，許之。入宮而不敢哭。武子曰：「合葬非古也，自周公以來，未之有改也。吾許其大而不許其細，何居？」命之哭。

武子名宿，魯桓公子友成季之曾孫，寢蓋苑囿離宮之寢，夷人冢墓為之，非禮也；合葬，欲因新死者起柩歸而合葬他所也；武子言合葬非古，至周公始有之，成寢之時，以為此冢不須合葬，故平之為寢也；大謂請合葬，細謂哭也，此譏武子夷人之墓徒為瑣屑，以文過也。

子上之母死而不喪。門人問諸子思曰：「昔者子之先君子喪出母乎？」曰：「然」。「子之不使白也喪之。何也？」子思曰：「昔者吾先君子無所失道；道隆則從而隆，道污則從而污。伋則安能？為伋也妻者，是為白也母；不為伋也妻者，是不為白也母。」故孔氏之不喪出母，自子思始也。

白，子上名，伋，子思名，孔子孫，先君子謂孔子也；禮，為出母期，已為父後則不為出母服喪，出母，孔子之父先娶施氏，無子而出，施氏之卒蓋在叔梁紇後，而孔子不為父後，故猶為服出母服，道猶禮也、義也，隆污猶高下也，子上亦遇出母之喪而不喪，故門人異之，蓋出妻或使子喪，或不使子喪，皆由於被出之故，若子不為父後，而父又先沒，當無有不為出母服者。

孔子曰：「拜而後稽顙，頹乎其順也；稽顙而後拜，頎乎其至也。三年之喪，吾從其至者。」

拜，拜賓也，稽顙者，觸地無容，哀之至也；頹，卑下之意，順於接人之事也；頎，哀傷之意，極其悲切之情也；記曰三年之喪，喪拜非三年之喪，以吉拜，當周之衰，人不知喪拜之儀，而且失其序，故言之猶拜君從下也。

孔子既得合葬於防，曰：「吾聞之：古也墓而不墳；今丘也，東西南北人也，不可以弗識也。」於是封之，崇四尺。孔子先反，門人後，雨甚；至，孔子問焉曰：「爾來何遲也？」曰：「防墓崩。」孔子不應。三，孔子泫然流涕曰：「吾聞之：古不修墓。」

言既得者，少孤不知墓柩所在故也，古謂殷時，墓，兆域，今封塋也，土之高者曰墳；東西南北，言居無常處；聚土曰封，封之，周禮也，《周官·冢人》以爵等為丘封之度，崇四尺蓋未仕者之制也；先反，歸而虞祭也，後，待

封也；三，疑孔子不聞而三言之也，泫然流涕，傷不能謹於封築，以致傾圮也，且言古不修墓，以敬謹之至，無事於修也。

孔子哭子路於中庭。有人弔者，而夫子拜之。既哭，進使者而問故。使者曰：「醢之矣。」遂命覆醢。

庭在寢宮堂下階間，哭於中庭，猶弟子哭師於寢也；拜弔者，為之主也，使者，自衛來訃之人，故，死事之原委也；醢，肉醬也，覆，冪蓋之，不忍食也，醢為朝夕食，必陳之，物又可久留，故命覆藏之，旬日中勿以進也。

曾子曰：「朋友之墓，有宿草而不哭焉。」

宿草，陳根也，為師心喪三年，則朋友期可也。

子思曰：「喪三日而殯，凡附於身者，必誠必信，勿之有悔焉耳矣。三月而葬，凡附於棺者，必誠必信，勿之有悔焉耳矣。喪三年以為極，亡則弗之忘矣。故君子有終身之憂，而無一朝之患。故忌日不樂。」

附於身，衣衾之屬，附於棺，宅兆之屬，誠，物必備美也，信，用無僭妄也，亡，既葬後，無可見也，言喪期以三年為極，而吾親既亡，不可一刻稍忘於心也，終身之憂，即弗忘也，患，外患也，忌日，親沒之日，忌舉吉事也，不樂，有戚容也。

孔子少孤，不知其墓。殯於五父之衢。人之見之者，皆以為葬也。其慎也，蓋殯也。問於郰曼父之母，然後得合葬於防。

古者族葬墓，大夫掌之，未有不知其墓者，蓋墓而不墳，久乃失其樞兆所在耳，五父之衢在魯國東南，蓋亦郊外近墓地之通衢也，殯亦非，竟在於衢，但以去衢不遠，亦在墓地，故人皆以為葬也；慎，謂殯之周密也，蓋，疑詞，記者亦不敢決以為殯也，殯未有在於野者，自是葬期已至，而不得合葬之所，勢不能不為權厝，以俟改葬也；曼父蓋墓地之人，其母年老，又知久遠之事者，徧訪及之，亦聖人誠孝所感也。

鄰有喪，舂不相；里有殯，不巷歌。

已詳《曲禮》。

喪冠不緌。

緌，冠纓飾也。

有虞氏瓦棺，夏后氏墍周，殷人棺椁，周人牆置翣。周人以殷人之棺椁葬長殤，以夏后氏之墍周葬中殤、下殤，以有虞氏之瓦棺葬無服

之殤。

有虞氏尚陶,始不衣薪也,火熟曰聖,聖周亦名土周,燒土冶以周於棺也,殷人尚梓,槨如城之郭,以木加周於棺也;牆,柳也,以帷柩如牆,牆旁又加翣為飾以蔽柩,禮愈備也;年十六至十九死者為長殤,十二至十五為中殤,八歲至十一為下殤,七歲以下為無服之殤,生未三月不為殤,略未成人,又有差等也。夏以讓禪有天下而稱後,殷周行仁義,人所歸往,故稱人。

夏后氏尚黑;大事斂用昏,戎事乘驪,牲用玄。殷人尚白;大事斂用日中,戎事乘翰,牲用白。周人尚赤;大事斂用日出,戎事乘騵,牲用騂。

夏以斗,建寅之月為正,物生色黑,大事,喪事也,昏時亦黑,戎,兵也,馬黑色曰驪,牲,祭牲也;殷以建丑之月為正,物芽色白,日中時亦白,翰,白色馬也;周以建子之月為正,物萌色赤,日出時亦赤,騵,騂馬白腹者,騂,赤類,此論三代所尚之色不同,戎祭又因喪斂,兼及也。

穆公之母卒,使人問於曾子曰:「如之何?」對曰:「申也聞諸申之父曰:哭泣之哀、齊斬之情、饘粥之食,自天子達。布幕,衛也;縿幕,魯也。」

《世本》魯哀公蔣生悼公寧,寧生元公嘉,嘉生穆公不衍,問,問居喪之禮,曾子名申,子輿之子,有聲曰哭,無聲曰泣,齊為母,斬為父,厚曰饘,希曰粥,達,下通也,幕,以覆棺縿帛也,蓋於帛加旒為飾,衛諸侯禮,魯天子禮,兩言之,魯之僭已久也。

晉獻公將殺其世子申生,公子重耳謂之曰:「子蓋言子之志於公乎?」世子曰:「不可,君安驪姬,是我傷公之心也。」曰:「然則蓋行乎?」世子曰:「不可,君謂我欲弒君也,天下豈有無父之國哉!吾何行如之?」使人辭於狐突曰:「申生有罪,不念伯氏之言也,以至於死,申生不敢愛其死;雖然,吾君老矣,子少,國家多難,伯氏不出而圖吾君,伯氏苟出而圖吾君,申生受賜而死。」再拜稽首,乃卒。是以為「恭世子」也。

獻公名佹諸,武公子,重耳,文公名,申生異母弟也,將殺,信驪姬之譖也,事詳《春秋傳》;志,意也,行,去也,辭,辭之而死也;狐突,晉同姓,狐氏突名,偃之父也,伯氏,同姓長者之稱,時為申生傅也,不念其言,謂獻

公使伐東山皋落氏，狐突欲行，申生不從也，子謂驪姬子奚齊，不出謂狐突自伐皋落反，稱疾不出也，卒，自縊也。按《記》云天下無生而貴者，天子之元子士也，況諸侯之世子乎？士卒無諡，故桓王為平王孫，而桓王之父太子泄父無諡，以至靈王太子晉、景王太子壽皆不聞有諡，然則太子申生之諡共，乃是晉惠公改葬而諡之，非禮也，故後至宋太子痤，平公雖傷其無罪，亦不聞有諡，若蔡太子有之諡隱、陳太子偃師之諡悼，皆其子因復國而加之諡，蓋又春秋之末，文敝之失，禮不可為據，然則《詩序》所云衛世子共伯與妻共姜，乃又在春秋之前，其為後人妄與附會之，無是公尤無疑矣。

魯人有朝祥而莫歌者，子路笑之。夫子曰：「由，爾責於人，終無已夫？三年之喪，亦已久矣夫。」子路出，夫子曰：「又多乎哉！逾月則其善也。」

祥，大祥也，歌與哭不同日，況除衰杖之日，尤不得即歌也，故子路笑之；禮，祥之日鼓素琴，而歌猶未可者，鼓琴所以節哀順變，歌則忘哀太速矣。

魯莊公及宋人戰於乘丘。縣賁父御，卜國為右。馬驚，敗績，公隊。佐車授綏。公曰：「末之卜也。」縣賁父曰：「他日不敗績，而今敗績，是無勇也。」遂死之。圉人浴馬，有流矢在白肉。公曰：「非其罪也。」遂誄之。士之有誄，自此始也。

敗績，償車也，隊謂墜於地，佐車，貳車也，末猶無也，凡軍事，御右皆卜，今賁父御而馬驚敗，是卜不應也；白肉，股裏肉也，誄者，哀死述行之詞，士賤，亦無誄也，言莊公好戰致敗，妄誄且志，失禮之由也。

曾子寢疾，病。樂正子春坐於床下，曾元、曾申坐於足，童子隅坐而執燭。童子曰：「華而睆，大夫之簀與？」子春曰：「止！」曾子聞之，瞿然曰：「呼！」曰：「華而睆，大夫之簀與？」曾子曰：「然，斯季孫之賜也，我未之能易也。元，起易簀。」曾元曰：「夫子之病革矣，不可以變，幸而至於旦，請敬易之。」曾子曰：「爾之愛我也不如彼。君子之愛人也以德，細人之愛人也以姑息。吾何求哉？吾得正而斃焉斯已矣。」舉扶而易之。反席未安而沒。

病，疾甚也，子春，曾子弟子，元、申皆曾子子，隅坐，不與成人並也；華，畫也，簀，床笫也，睆，明貌，刮去節目，色明好也，呼，病中聞言，驚異之聲，未能易，已病故也；革，急也，變，動也，彼謂童子，細人，所見者小也，姑息，苟且偷安也，舉，皆也。此言曾子慎終守正之事，然古人疾病

廢床，兩人扶手足，坐終於地，乃為正終，記者詞不別白，似反失實，不可盡信也。

始死，充充如有窮；既殯，瞿瞿如有求而弗得；既葬，皇皇如有望而弗至。練而慨然，祥而廓然。

充充如有窮，如急行道極，無所復去也，瞿瞿，驚顧速瞻之貌，皇皇猶棲棲也，練，既期也，慨然，傷日月之易去也，廓然，寥郭無際也。

邾婁復之以矢，蓋自戰於升陘始也。魯婦人之髽而弔也，自敗於臺鮐始也。

邾國，曹姓，加書婁，齊語也；復必以衣，升陘之戰在魯僖公二十二年，邾人戰勝，然亦死傷者眾，一時無衣可復，矢以志勝，故以之也；去纚而紒曰髽，以麻結髮之喪服也，弔當以衰，臺鮐之戰在魯襄公四年，時魯人戰敗，死傷尤眾，家各有喪，故徒髽而弔也，此記喪禮之變，由春秋之戰好輕民命也。

南宮絛之妻之姑之喪，夫子誨之髽曰：「爾毋從從爾，爾毋扈扈爾。蓋榛以為笄，長尺，而總八寸。」

南宮絛，孟僖子之子南宮閱也，字子容，其妻孔子兄女，誨，教也，從從，太高，扈扈，太廣，毋者太高廣，則如斬衰之髽也，總，束髮布也，齊衰垂八寸，斬衰六寸，吉笄長尺二寸，齊衰之笄，惡笄也，長尺，惡笄或用櫛，或用榛，故云蓋也。

孟獻子禫，縣而不樂，比御而不入。夫子曰：「獻子加於人一等矣！」

孟獻子名蔑，文伯之子，禫，除喪之祭，縣，縣樂器也，不樂，不作樂也，比御，次序當進御者，入，復寢也，加，踰也。

孔子既祥，五日彈琴而不成聲，十日而成笙歌。有子蓋既祥而絲屨組纓。

不成聲，哀未忘也，十日則踰月，且異旬也，五日彈琴、十日笙歌，除由外也，琴以手，笙歌以氣，有子，孔子弟子有若也。禮，既祥，白屨無絢，縞冠素紕，以絲為屨絢，以組為冠纓，皆吉服也，譏其太蚤。

死而不弔者三：畏、厭、溺。

畏，蓋如「子畏於匡」之畏，死於兵也，厭如死於岩牆，溺，死於水也，三者之不弔，以死非正命也，然詞亦欠別白，蓋當論其事之是非，不可徒以死言也。

子路有姊之喪，可以除之矣，而弗除也，孔子曰：「何弗除也？」子路曰：「吾寡兄弟而弗忍也。」孔子曰：「先王制禮，行道之人皆弗忍也。」子路聞之，遂除之。

行道之人，猶言塗人，塗人、寡兄弟者皆有不忍之心，而無有過先王之禮者，以其不可過也。

大公封於營丘，比及五世，皆反葬於周。君子曰：「樂樂其所自生，禮不忘其本。古之人有言曰：狐死正丘首。仁也。」

葬於周，陪文武之墓，五世之後乃葬齊也，然此疑適官於西京而葬之耳，記云反葬，無是理也，引君子之言以美之，以為得禮樂之義，亦迂曲；正丘首者，正首於所生之丘，亦不忘本也。

伯魚之母死，期而猶哭。夫子聞之曰：「誰與哭者？」門人曰：「鯉也。」夫子曰：「嘻！其甚也。」伯魚聞之，遂除之。

禮，父在，為母服期，以十一月小祥、十三月大祥、十五月禫，禫外無哭者，伯魚既期猶哭，故夫子怪之，除，謂除哀至之哭也。

舜葬於蒼梧之野，蓋三妃未之從也。季武子曰：「周公蓋祔。」

舜葬蒼梧，周末人大都云，然未知是否，《尚書·堯典》「釐降二女」，楚詞亦止歌湘君、湘夫人，是舜未聞有三妃也，後人為之名曰癸比，不可盡信，豈唐虞時已有侄媵歟？或云三為二字之誤，從猶就也，三妃不就蒼梧與舜合葬也，祔即謂合葬。

曾子之喪，浴於爨室。

爨，竈也，禮，死於適室，斷無遷尸遠至竈所就浴之事，蓋始死，甸人為垼於西牆下，垼即塊竈，西牆即適室之牆，又徹西北扉以煮水，其水即沐浴之水，則所謂爨室即適室也，記者故別其文，蓋亦如易簀之事，欲以殊異曾子，而徒滋復人典禮之惑，則不詞矣，且浴不於適室，更於何處，此節當刪。

大功廢業。或曰：「大功，誦可也。」

廢猶徹也，業，筍虡，上極古人禮樂不離身，惟居喪廢樂，故大功服重，亦廢業也；誦，謂誦詩，雖不作樂，猶習詩章句讀，蓋文學非大喪，亦不以哀輕廢也。

子張病，召申祥而語之曰：「君子曰終，小人曰死；吾今日其庶幾乎！」

子張，孔子弟子顓孫師也，申祥，子張子，終以君子事道，言其身死、其事終，亦兢兢業業，知免之意也，小人不知盡人之道，與物同其形委氣散，則直死而已；庶幾言尚近於君子之得終，以警申祥，使知自勵也。

曾子曰：「始死之奠，其餘閣也與？」

閣以度藏食物者，餘閣，室裏閣上餘物，此論人死初奠所用，人老及病，飲食不離寢，故先以其餘為奠，蓋人始死以禮則未暇從新，以情則未忍易舊也，然曰「也與」，則亦有不必盡然者。

曾子曰：「小功不為位也者，是委巷之禮也。子思之哭嫂也為位，婦人倡踴；申祥之哭言思也亦然。」

位，哭泣之位，為位以親疏也，敘哭也，蓋小功情疏，容為位而後哭，情重者始聞喪即哭，不暇為位，哀甚也；委巷，委曲之巷，猶言小巷，不知大道者也；禮，嫂叔無服，娣姒婦小功；倡，先也，無服而為位者惟嫂叔，蓋無服者所以遠男女近似之嫌，為位者所以篤兄弟內喪之親，子思之哭嫂為位，婦人倡踴，以婦人有相為娣姒之義，故不以己之無服先之也，稱子思為位，善之也，言思，子游之子，為申祥妻之昆弟，外喪之無服者也，外喪無服則不可為哭位之主矣；記曰妻之昆弟為父後者死，哭之適室，子為主，袒免哭踴，夫入門右，以子為主，則不當婦人倡踴矣，凡此皆與叔嫂異，曾子之意，以子思無服之喪，猶且為位，以見小功不為位之非，記者又因記申祥無服，為位倡踴之非也，無服之喪，獨哭不為位。

古者，冠縮縫，今也，衡縫；故喪冠之反吉，非古也。

縮，直也，衡，古橫字，古者謂周以前冠縮縫者，古制質，吉凶冠皆直縫也；今謂周公制禮以來，周世文，故吉冠多辟積作襉而橫縫之，喪冠辟積襉少，猶直縫也，時人因謂喪冠與吉冠反，其實周制如此耳，記者以解時人之惑，故曰非古也。

曾子謂子思曰：「汲！吾執親之喪也，水漿不入於口者七日。」子思曰：「先王之制禮也，過之者俯而就之，不至焉者，跂而及之。故君子之執親之喪也，水漿不入於口者三日，杖而後能起。」

曾子至性過人，疑古禮或失於寡恩，故執親喪至於七日水漿不入口，又與子思商論，而子思直言其不可過，此子思所以能傳曾子之學，守孔子之道也。

曾子曰：「小功不稅，則是遠兄弟終無服也，而可乎？」

日月已過，乃聞喪而服曰稅，大功以上稅，小功服輕不稅，禮也，故記曰降而在緦、小功者，則稅之見正服，小功不稅也，又記曰聞遠兄弟之喪，既除喪而後聞之，則袒免哭之成踊，蓋雖不稅，不宜吉服矣，曾子疑禮之薄，故言；又鄭康成義限內聞喪則追全服，是猶稅也，王肅義限內聞喪但服殘，日限滿即止，蓋為近之。

伯高之喪，孔氏之使者未至，冉子攝束帛、乘馬而將之。孔子曰：「異哉！徒使我不誠於伯高。」

伯高姓名未詳，攝，代也，將，送也，不誠，不得盡己之誠意也。

伯高死於衛，赴於孔子，孔子曰：「吾惡乎哭諸？兄弟，吾哭諸廟；父之友，吾哭諸廟門之外；師，吾哭諸寢；朋友，吾哭諸寢門之外；所知，吾哭諸野。於野，則已疏；於寢，則已重。夫由賜也見我，吾哭諸賜氏。」遂命子貢為之主，曰：「為爾哭也來者，拜之；知伯高而來者，勿拜也。」

赴，遣使走也，告哭兄弟、父友不同處，別親疏也，哭師友、所知不同處，別輕重也，知伯高者勿拜，異於正主也。

曾子曰：「喪有疾，食肉飲酒，必有草木之滋焉。以為薑桂之謂也。」

薑者艸之滋，桂者木之滋，此記者表曾子有疾飲食之說，蓋慮不勝喪也。

子夏喪其子而喪其明。曾子弔之曰：「吾聞之也：朋友喪明則哭之。」曾子哭，子夏亦哭，曰：「天乎！予之無罪也。」曾子怒曰：「商，女何無罪也？吾與女事夫子於洙泗之間，退而老於西河之上，使西河之民疑女於夫子，爾罪一也；喪爾親，使民未有聞焉，爾罪二也；喪爾子，喪爾明，爾罪三也。而曰女何無罪與！」子夏投其杖而拜曰：「吾過矣！吾過矣！吾離群而索居，亦已久矣。」

明，目精也，曾子哭，傷其失明也，子夏亦哭曰天乎，怨天罰無罪也；事夫子於洙泗，言有師也，洙泗，魯城外二水名，西河，龍門至華陰之地；罪一言其不稱師，罪二言居喪無異稱，罪三言隆於子，吾過，謝之且服罪也，群，友也。

夫晝居於內，問其疾可也；夜居於外，弔之可也。是故君子非有大故，不宿於外；非致齊也、非疾也，不晝夜居於內。

晝居內，似有疾，夜居外，似有喪，大故謂喪若有憂也，致齊欲專一，故

不接事物也。

高子皋之執親之喪也，泣血三年，未嘗見齒，君子以為難。

子皋，孔子弟子，名柴，泣血，其泣無聲，如血之出也，凡人大咲則露齒，微咲則不見齒，難，言人不能也。

衰，與其不當物也，寧無衰。齊衰不以邊坐，大功不以服勤。

衰，喪服也，當，應也，物即衰也，貌不稱服，則哀戚之心不致，故以為寧無衰，非謂真可無衰也；邊坐，偏坐也，著衰坐起，皆宜得正，不可偏倚也，言齊則斬，可知服勤為勤勞之事也，邊坐服勤，皆褻喪服，非禮也。

孔子之衛，遇舊館人之喪，入而哭之哀。出，使子貢說驂而賻之。子貢曰：「於門人之喪，未有所說驂，說驂於舊館，無乃已重乎？」夫子曰：「予鄉者入而哭之，遇於一哀而出涕。予惡夫涕之無從也。小子行之。」

舊館人，往日君所使舍己者也，助喪曰賻，說，古脫字，驂，騑馬也，遇猶見也，見主人為我盡哀，是以厚意待我，我又為之出涕，宜有以稱出涕之哀也，行，用也。

孔子在衛，有送葬者，而夫子觀之，曰：「善哉為喪乎！足以為法矣，小子識之。」子貢曰：「夫子何善爾也？」曰：「其往也如慕，其反也如疑。」子貢曰：「豈若速反而虞乎？」子曰：「小子識之，我未之能行也。」

如慕，如小兒隨父母啼呼也，如疑，哀親之在外，不知神之來否，如不欲反，然未之能行，非謙也，蓋聖人明於幽明死生鬼神，或轉不能有如慕如疑之情意也。

顏淵之喪，饋祥肉，孔子出受之，入，彈琴而後食之。

吉之先見謂之祥，饋肉所以獻吉也，彈琴所以散哀也。

孔子與門人立，拱而尚右，二三子亦皆尚右。孔子曰：「二三子之嗜學也，我則有姊之喪故也。」二三子皆尚左。

二三子，門弟子也，嗜，好也，尚，上也，尚左復正也。

孔子蚤作，負手曳杖，消搖於門，歌曰：「泰山其頹乎？梁木其壞乎？哲人其萎乎？」既歌而入，當戶而坐。子貢聞之曰：「泰山其頹，則吾將安仰？梁木其壞、哲人其萎，則吾將安放？夫子殆將病也。」遂趨

而入。夫子曰：「賜！爾來何遲也？夏后氏殯於東階之上，則猶在阼也；殷人殯於兩楹之間，則與賓主夾之也；周人殯於西階之上，則猶賓之也。而丘也殷人也。予疇昔之夜，夢坐奠於兩楹之間。夫明王不興，而天下其孰能宗予？予殆將死也。」蓋寢疾七日而沒。

作，起也，消搖，閒適也，泰山眾山所仰，梁木眾木所放，哲人亦眾人所仰放也，萎，病也，猶在阼，猶以生人視之為室主也，猶賓，如賓也，既死，即待之如客而尊之也，夢坐奠於兩楹間，言夢已坐兩楹間，而人饋食之，有似於殯奠無尸，為死兆也，孰能宗予，言無人能尊之，則必無南面之事也。

孔子之喪，門人疑所服。子貢曰：「昔者夫子之喪顏淵，若喪子而無服；喪子路亦然。請喪夫子，若喪父而無服。」

古無喪師之禮，故疑所服，若喪父而無服，謂不為衰也；弔服加麻，心喪三年，是已弔服錫衰也，麻如絰與帶皆用麻，既葬除之。

孔子之喪，公西赤為志焉：飾棺、牆，置翣設披，周也；設崇，殷也；綢練設旐，夏也。

赤，子華也，志，記也，為志者，治其禮而又條記之，以垂後也；牆，柳衣也，所以障柩，如棺之有牆翣扇也，以木為筐，廣三尺、高二尺四寸，方兩角，衣以白布，畫雲氣，柄長五尺如扇，披，柩行夾引棺者，蓋以素為褚，褚外加牆，車前置翣，恐柩車有傾側，又以繩左右維持之，此周制也；崇，崇牙，旌旗飾也，於送葬乘車所建旌旗設之，殷制也；綢練，謂以練綢旌之槓、旌之旐，緇布廣終幅、長尋曰旐，於槓首，夏制也。

子張之喪，公明儀為志焉；褚幕丹質，蟻結於四隅，殷士也。

公明，氏，儀，名，子張弟子，亦曾子弟子，褚猶包也、覆也，質，地也，以丹布幕為褚，所以覆柩也，蟻，蚍蜉也，蟻結者，畫褚之四角，其文如蟻行往來，相交錯也，此殷士葬車之飾，蓋不牆不翣，亦無披崇等設也。

子夏問於孔子曰：「居父母之仇如之何？」夫子曰：「寢苦枕干，不仕，弗與共天下也；遇諸市朝，不反兵而鬥。」曰：「請問居昆弟之仇如之何？」曰：「仕弗與共國；銜君命而使，雖遇之不鬥。」曰：「請問居從父昆弟之仇如之何？」曰：「不為魁，主人能，則執兵而陪其後。」

苦，編茻也，干，盾也，魁，首也，天文鬥七星，魁為首，杓為末，陪，輔助也，寢苦則常以喪禮自處，枕干則常以戎事自持，不仕則不暇事人，而專

以復仇為事，市朝非戰鬥之處，而猶不反兵而鬥，則無時無處而不事復仇矣，朝謂路門外，銜君命遇之不鬥，不以私仇妨公事也，昆弟之仇次於父母，故以君命為重，此與《曲禮》之文互相備。

孔子之喪，二三子皆絰而出。群居則絰，出則否。

出，出門有適也，羣謂諸弟子相為服，蓋絰而出，尊師也，居絰出否，降師一等也，或曰出否者，喪師之常禮，或曰此記喪孔子傳聞之異詞，絰而出是初喪服，居絰出否，既葬之服。

易墓，非古也。

易謂芟治草木，不易者，丘陵也。

子路曰：「吾聞諸夫子：喪禮，與其哀不足而禮有餘也，不若禮不足而哀有餘也。祭禮，與其敬不足而禮有餘也，不若禮不足而敬有餘也。」

喪禮，明器衣衾之屬，祭禮，俎豆牲牢之屬。

曾子弔於負夏，主人既祖，填池，推柩而反之，降婦人而後行禮。從者曰：「禮與？」曾子曰：「夫祖者且也；且，胡為其不可以反宿也？」從者又問諸子游曰：「禮與？」子游曰：「飯於牖下，小斂於戶內，大斂於阼，殯於客位，祖於庭，葬於墓，所以即遠也。故喪事有進而無退。」曾子聞之曰：「多矣乎，予出祖者。」

負夏，衛地，祖，朝祖也，填池者，既夕禮朝祖之後，載柩而束之，商祝飾柩一池，設披屬引也，云填者，即繫魚下垂池中，所謂魚躍拂池也，於是商祝御柩乃祖，而婦人降於階間，是時柩車已轉而南，故又推柩反之北向也；反柩北向，則婦人復升堂矣，乃又降之而行弔禮，皆非也；禮與，疑不當推柩北向也，且猶將也，未定之詞，反即反柩北向，宿，越宿至質明而後就葬也，飯，含飯也，庭，祖廟之庭，即，就也，有進無退，則柩既轉南，不可再推而北向矣，多，勝也，言子游所說出祖之事勝於己也。

曾子襲裘而弔，子游裼裘而弔。曾子指子游而示人曰：「夫夫也，為習於禮者，如之何其裼裘而弔也？」主人既小斂、袒、括髮；子游趨而出，襲裘帶絰而入。曾子曰：「我過矣，我過矣，夫夫是也。」

凡弔喪之禮，主人未變之前，弔者吉服，則羔裘、玄冠、緇衣、素裳，又上服左袒而裼，此裼裘而弔是也；主人既變，雖著朝服而加武以絰，武即吉冠

卷也，不改冠，但加絰於武，又掩其上服，若朋友又加帶，則此襲裘帶絰而入是也。張子曰：曾子、子游分契，與常人殊，一人失禮，秘而相告，豈有私指示人而不告者，然則記言大都傳聞雜志，抑或修詞未盡善也。

子夏既除喪而見，予之琴，和之不和，彈之而不成聲。作而曰：「哀未忘也。先王制禮，而弗敢過也。」子張既除喪而見，予之琴，和之而和，彈之而成聲，作而曰：「先王制禮不敢不至焉。」

見，見孔子也，作，起也，二人雖情異，而俱能由禮，則皆為善也。

司寇惠子之喪，子游為之麻衰牡麻絰，文子辭曰：「子辱與彌牟之弟游，又辱為之服，敢辭。」子游曰：「禮也。」文子退反哭，子游趨而就諸臣之位，文子又辭曰：「子辱與彌牟之弟游，又辱為之服，又辱臨其喪，敢辭。」子游曰：「固以請。」文子退，扶適子南面而立曰：「子辱與彌牟之弟游，又辱為之服，又辱臨其喪，虎也敢不復位。」子游趨而就客位。

惠子，惠叔名蘭，文子之弟，文子名彌牟，靈公子郢之子，麻衰，吉服之布為衰也，牡麻絰，絞絰也，與齊衰絰同，弔服止用弁絰，如緦之絰，一股而環之者，子游為牡麻絰，特為重服，以致譏也，就諸臣之位，深譏之也，文子既辭服，而子游以為禮，文子素知子游習禮，故亦以為當然，而不覺其致譏也。禮，大夫之賓位在門東近北，家臣位亦在門東而南近門，在賓後至，子游就臣位，文子辭之而又不從，然後知子游之意，譏文子之廢嫡立庶，故親扶惠子之嫡子虎立子位也，子游仍就客位，文子已改正也，蓋重服者惟親，就臣位者惟臣，以見有過而正之，為親與臣之道也。

將軍文子之喪，既除喪，而後越人來弔，主人深衣練冠，待於廟，垂涕洟，子游觀之曰：「將軍文氏之子其庶幾乎！亡於禮者之禮也，其動也中。」

將軍，春秋末執政者之通稱，主人，文子之子簡子瑕也，深衣，麻衣也，如深衣耳，凡衣緣之以布曰麻衣，緣之以素曰長衣，緣之以采曰深衣，練冠，未祥者之冠，若既祥，則縞冠也，待於廟，受弔不迎賓也，自目曰涕，自鼻曰洟，中，得禮之變也。

幼名，冠字，五十以伯仲，死諡，周道也。絰也者實也。掘中溜而浴，毀灶以綴足；及葬，毀宗躐行，出於大門，殷道也。學者行之。

周道尚文，故有名字，伯仲，諡之差別，殷以前名而已；経所以表哀，故云實也，中溜，室中也，死而掘室中之地作坎，以此室於死者無用，且以床架坎上，浴尸即水流入坎也；毀竈者，亦以示死者無復烹飪此竈，且恐尸足辟戾，故用竈甓；綴足，使可著屨也，毀宗，毀廟也，殷人殯於廟，至葬柩行，毀廟門西邊牆而出於大門，所以然者，以行神之位在廟西邊，當所毀宗之外，若生時出行，則為壇幣告行神，告竟，車轢行壇上而出，使道中安穩，今柩行如生時之出，故云躒行；周人沐浴有盆盤，故不掘中溜、綴足，用燕几，故不毀竈，殯於寢之西階，至葬而朝廟，從正門出，故不毀宗躒宗〔註1〕，然而周之學者於喪禮猶有行殷道者，故志之。

子柳之母死，子碩請具。子柳曰：「何以哉？」子碩曰：「請粥庶弟之母。」子柳曰：「如之何其粥人之母以葬其母也？不可。」既葬，子碩欲以賻布之餘具祭器。子柳曰：「不可，吾聞之也：君子不家於喪。請班諸兄弟之貧者。」

子栁，子碩兄，具，葬具也，何以，言無財也，粥，古鬻字，賣也，賻布，助喪泉也。

君子曰：「謀人之軍師，敗則死之；謀人之邦邑，危則亡之。」

既主其謀，擅其寵，不可不任其責也，亡謂出奔去位。

公叔文子升於瑕丘，蘧伯玉從。文子曰：「樂哉斯丘也，死則我欲葬焉。」蘧伯玉曰：「吾子樂之，則瑗請前。」

文子，獻公孫，名拔，瑗，伯玉名，皆衛大夫，葬，生者之事，非死者所豫，擇以徇己私者，請前，若將為審示之，刺其欲害人良田也。

弁人有其母死而孺子泣者，孔子曰：「哀則哀矣，而難為繼也。夫禮，為可傳也，為可繼也。故哭踊有節。」

弁即卞邑，難為繼，言難常如此，可傳則人易從，可繼則己亦易循也，蓋此泣在既斂之後，非比始死時，悲哀志懣，未可為節也。

叔孫武叔之母死，既小斂，舉者出戶，出戶袒，且投其冠括髮。子游曰：「知禮。」

武叔名州仇，魯桓公子牙六世孫，禮，卒小斂，主人袒說髦，括髮以麻，而後士舉，男女奉尸侇於堂，蓋主人為欲奉尸，故袒而括髮；今武叔於奉尸

〔註1〕此處誤，當為「行」字。

俵堂之後，始袒而投冠括髮，則失哀節矣；冠，素委貌也，《雜記》云「小斂環絰，公、大夫、士一也」是也，子游曰知禮，反言以嗤之，蓋以武叔為不足責也。

　　扶君，卜人師扶右，射人師扶左；君薨以是舉。

　　扶君，謂君疾甚時，卜當為僕聲之誤也，僕人、射人皆生時贊正君位者，舉，遷尸也，師以長言，不忍變也。

　　從母之夫，舅之妻，二夫人相為服，君子未之言也。或曰同爨緦。

　　二夫人，言此二人也，皆對甥而言，母族之服止於從母，而不及其夫，止於舅而不及其妻，時有甥依舅以居，而兼服其妻，依從母以居而兼服其夫者，故習禮者詫之以君子未之言也，蓋以孤稚恩養，不可無服，故或人有同爨緦之說，非是從母之夫與舅之妻相對為稱，且為服也。

　　喪事，欲其縱縱爾；吉事，欲其折折爾。故喪事雖遽，不陵節；吉事雖止，不怠。故騷騷爾則野，鼎鼎爾則小人。君子蓋猶猶爾。

　　凶事欲疾，吉事欲舒；縱縱，促遽貌，折折，猶提提也，安舒貌，陵，躐也，止，立而俟事時也，騷騷，太疾也，鼎鼎，太舒也，猶猶，曉習禮法，得舒疾之中。

　　喪具，君子恥具，一日二日而可為也者，君子弗為也。

　　喪具，棺衣之屬，恥具，避不懷也，一二日可為，謂絞紟衾冒。

　　喪服，兄弟之子猶子也，蓋引而進之也；嫂叔之無服也，蓋推而遠之也；姑姊妹之薄也，蓋有受我而厚之者也。

　　喪服即今《儀禮》經文，兄弟之子期，姑姊妹出，適大功也，嫂叔無服，見傳文；己子服期，兄弟之子當服大功，今亦服期，是引而進之，同於己子也；昆弟相為服期，則其妻應服大功，今乃無服，是厚而我可降也，蓋嫂叔本不相親，又上不可為母屬，下不可為婦屬，中不可為妻屬，古人所以無服，以義理推不行也，後制服小功，始於唐魏徵奏議。

　　食於有喪者之側，未嘗飽也。

　　首脫子字，臨喪哀，不能甘也。

　　曾子與客立於門側，其徒趨而出。曾子曰：「爾將何之？」曰：「吾父死，將出哭於巷。」曰：「反，哭於爾次。」曾子北面而弔焉。

　　徒，客之旅也，意不可發凶於人館，故欲出哭於巷也，次，舍也，禮，館

人使專之，若其自有，然北面而弔，同國賓禮也。

孔子曰：「之死而致死之，不仁而不可為也；之死而致生之，不知而不可為也。是故，竹不成用，瓦不成味，木不成斲，琴瑟張而不平，竽笙備而不和，有鍾磬而無簨虡，其曰明器，神明之也。」

之，往也，之死謂以禮往送於死者也，致死之以為無知，致生之以為有知也，為猶行也，成猶完善也；竹不成用，謂竹器邊無縢緣也，味同沬，䪞也，瓦不成味，謂瓦器無光澤也，木不成斲，謂木器不雕飾也，不平、不和，無宮商之調也，橫曰簨，直曰虡，所以懸鍾磬者，神明之者，幽冥之事，惟神能知之，人所不及知也。

有子問於曾子曰：「問喪於夫子乎？」曰：「聞之矣：喪欲速貧，死欲速朽。」有子曰：「是非君子之言也。」曾子曰：「參也聞諸夫子也。」有子又曰：「是非君子之言也。」曾子曰：「參也與子游聞之。」有子曰：「然，然則夫子有為言之也。」曾子以斯言告於子游。子游曰：「甚哉，有子之言似夫子也。昔者夫子居於宋，見桓司馬自為石槨，三年而不成。夫子曰：『若是其靡也，死不如速朽之愈也。』死之欲速朽，為桓司馬言之也。南宮敬叔反，必載寶而朝。夫子曰：『若是其貨也，喪不如速貧之愈也。』喪之欲速貧，為敬叔言之也。」曾子以子游之言告於有子，有子曰：「然，吾固曰：非夫子之言也。」曾子曰：「子何以知之？」有子曰：「夫子制於中都，四寸之棺，五寸之槨，以斯知不欲速朽也。昔者夫子失魯司寇，將之荊，蓋先之以子夏，又申之以冉有，以斯知不欲速貧也。」

喪，失位也，桓司馬，宋向戌之孫向魋也，靡，侈也，敬叔，仲孫閱也，反，復位也，朝必載寶，恐再被放失貨，故以隨身也，制，為民定制也，時夫子為魯中都宰，荊，楚也，申，重也。

陳莊子死，赴於魯，魯人欲勿哭，繆公召縣子而問焉。縣子曰：「古之大夫，束脩之問不出竟，雖欲哭之，安得而哭之？今之大夫，交政於中國，雖欲勿哭，焉得而弗哭？且且臣聞之，哭有二道：有愛而哭之，有畏而哭之。」公曰：「然，然則如之何而可？」縣子曰：「請哭諸異姓之廟。」於是與哭諸縣氏。

陳莊子，齊陳恒之孫，名伯君，無哭鄰國大夫之禮，安得哭之，以大夫無外交也，時君弱臣強，政在大夫，專盟會，故不得不哭，哭之異姓之廟，以哭

其非所當哭之人，故哭於非所當哭之廟也，哭諸縣氏，以禮所由起也。

仲憲言於曾子曰：「夏后氏用明器，示民無知也；殷人用祭器，示民有知也；周人兼用之，示民疑也。」曾子曰：「其不然乎！其不然乎！夫明器，鬼器也；祭器，人器也；夫古之人，胡為而死其親乎？」

仲憲，鄭氏以為原憲，然恐別是一人，或為子路之族，祭器若遣奠之屬，二器皆三代所兼用，不獨周也，而仲憲以為夏用鬼器，是夏有致死之不仁，殷用人器，是殷有致生之不智，宜〔註2〕，曾子深不然其說也，然曾子之言止及夏而不及殷者，以死其親，尤君子之所不忍也。

公叔木有同母異父之昆弟死，問於子游。子游曰：「其大功乎？」狄儀有同母異父之昆弟死，問於子夏，子夏曰：「我未之前聞也；魯人則為之齊衰。」狄儀行齊衰。今之齊衰，狄儀之問也。

木疑衛公叔文子子戍之後，戍於魯定公十四年奔魯，狄儀，魯人同母異父，猶途人也，而為之服，是為悖德，知禮如子游，不宜有大功之疑，子夏既未之前聞，亦不宜更舉魯人之謬禮，豈魯人亦心知其非，而妄託聖門諸賢之言以自解飾，傅聞既久，記者遂不能辨歟？

子思之母死於衛，柳若謂子思曰：「子，聖人之後也，四方於子乎觀禮，子蓋慎諸。」子思曰：「吾何慎哉？吾聞之：有其禮，無其財，君子弗行也；有其禮，有其財，無其時，君子弗行也。吾何慎哉！」

柳若，衛人，禮，父沒，為父後者於出母無服，則嫁母亦宜同，無所用其慎也，不忍質言其故，故以無其時為詞，蓋母死於父沒之後，而己為父後，則無禮之可行矣。

縣子瑣曰：「吾聞之：古者不降，上下各以其親。滕伯文為孟虎齊衰，其叔父也；為孟皮齊衰，其叔父也。」

瑣，縣子名，古謂殷時，不降，上不降遠，下不降卑也，滕國伯爵，文，名，殷時諸侯也，孟虎文之叔父，而文又為孟皮之叔父，是殷以前止重親，親無貴，貴絕降之服也。

后木曰：「喪，吾聞諸縣子曰：夫喪，不可不深長思也，買棺外內易，我死則亦然。」

后木，魯孝公子惠伯鞏之後，鞏，《世本》作革，其後為厚氏，古厚、后

通也，易，修治精好，此孝子之事，非所預囑，預囑則不智矣。

曾子曰：「尸未設飾，故帷堂，小斂而徹帷。」仲梁子曰：「夫婦方亂，故帷堂，小斂而徹帷。」

人死，斯惡之矣，斂時尸動搖而未設飾，嫌人褻之；故帷堂，言方亂，非也，惟堂豈為生者哉？仲梁子，魯人，記者存二說傳疑也。

小斂之奠，子游曰：「於東方。」曾子曰：「於西方，斂斯席矣。」小斂之奠在西方，魯禮之末失也。

士喪禮：始死脯之奠，就尸床，小斂有斂席，無奠席，大斂加設奠席，在室小斂以前，無席，奠皆在尸東也，魯禮末失小斂，即設奠席於尸西，曾子習而未察，故云「斂斯席矣」，以為始死之奠無席，小斂已設奠席也，故記者更言之，以著其失。

縣子曰：「綌衰繐裳，非古也。」

綌，粗葛也，繐，布之細而疏者，古謂周初制禮時，五服自斬至繐一以麻，各有升數，若以綌為衰，以繐為裳，則取輕涼而已，故曰非古也。

子蒲卒，哭者呼滅。子皋曰：「若是野哉。」哭者改之。

滅猶絕也，然滅非考終之稱，哭者呼號以死為滅，故子皋譏其野以正之。

杜橋之母之喪，宮中無相，以為沽也。

沽，略也，禮，孝子喪親，悲迷不復自知，禮節事儀皆須相導，而杜橋母死，宮中無相，故時人譏之。

夫子曰：「始死，羔裘玄冠者，易之而已。」羔裘玄冠，夫子不以弔。

羔裘玄冠，即朝服也，始死則易去朝服，著深衣，弔者在小斂前猶當服羔裘玄冠，以主人未成服，弔者麻絰，不敢先也，此夫子不以弔，是在小斂後，時有始死不易者，又有小斂後朝服而弔者，故記者引夫子之言與親行之禮，以正當世之失。

子游問喪具，夫子曰：「稱家之有亡。」子游曰：「有亡惡乎齊？」夫子曰：「有，毋過禮；苟亡矣，斂首足形，還葬，縣棺而封，人豈有非之者哉！」

齊，謂調劑適中乎，豐省之分際也，形，體也，還之言便也，已斂即葬，不待三月也，縣棺不設碑綍，但以手縣棺而下之也，封，復土閉壙也，非之，譏其不能也。

司士賁告於子游曰：「請襲於床。」子游曰：「諾。」縣子聞之曰：「汰哉叔氏！專以禮許人。」

士賁，人名，襲，冒尸也，在飯含後、小斂前，汰，自矜大也，叔氏謂子游專擅也，《喪大記》始死廢床，至遷尸及襲皆在床，當時失禮，襲在於地，故司士賁告子游，子游知襲在床，當本古昔，或稱先王，據禮以答之，不得專為許諾，如禮自己出也，故縣子譏之。

宋襄公葬其夫人，醯醢百甕。曾子曰：「既曰明器矣，而又實之。」

春秋宋襄公卒在僖公二十三年，至文公十六年猶有襄夫人在，則云葬其夫人者，當非襄公也，既夕禮陳明器，亦有黍稷、醯醢、酒醴以實之，此云不當實之，豈曾子所言者，古禮如讀賵之非古歟？不然則記者之謬歟？

孟獻子之喪，司徒旅歸四布。夫子曰：「可也。」

旅，下士也，蓋獻子生為司徒，旅其屬也，歸謂反還之，四布，四方之賻布也，可者善其廉而有禾，盡之詞；禮：知死者贈，知生者賻，贈賻之餘不可利於己，亦不可歸於人，利己則有家喪之意，歸人則廢恤喪之禮，不若班諸貧者，為盡善也。

讀賵，曾子曰：「非古也，是再告也。」

古者之賵書於方板，奠之而不讀，周則既奠而又讀焉，故曾子以為再告也。

成子高寢疾，慶遺入，請曰：「子之病革矣，如至乎大病，則如之何？」子高曰：「吾聞之也：生有益於人，死不害於人。吾縱生無益於人，吾可以死害於人乎哉？我死，則擇不食之地而葬我焉。」

成子高，齊大夫，國高父成伯也，慶遺，慶封之族，請，問也，革，急也，不食，不耕墾之地，子高之言亦可疑，豈春秋之末，族葬之禮已失，而人各擇葬乎？

子夏問諸夫子曰：「居君之母與妻之喪。」「居處、言語、飲食衎爾。」

衎，樂也，從服之喪，惻隱不至，《家語》「居處上」有「如之何子曰」五字，「衎爾」下有「在喪所則稱其服而已」九字，文義始備，此蓋脫也。

賓客至，無所館。夫子曰：「生於我乎館，死於我乎殯。」

於我乎館者，無他舍以館客，則即於我之館館之，不可以無客館而不館舍賓客也，此賓客亦謂朋友；於我乎殯，見《論語》，《家語》「至無所館」下有「死無所殯」四字，此亦缺文。

國子高曰：「葬也者，藏也；藏也者，欲人之弗得見也。是故，衣足以飾身，棺周於衣，槨周於棺，土周於槨；反壤樹之哉。」

國子高即成子高，國氏，成，謚，高，字也，壤言封土為墳，樹言種木為表，夫死喪之禮，慎終之道，至後世而加嚴，故易之以棺槨，無使土侵膚，被之以柳翣，無使人惡其死，皆藏不欲見之義也，然《周官》以爵等為邱封之度與其樹數，故崇四尺之封，孔子所不廢，國子高非之，或亦有激而然。

孔子之喪，有自燕來觀者，舍於子夏氏。子夏曰：「聖人之葬人與？人之葬聖人也。子何觀焉？昔者夫子言之曰：『吾見封之若堂者矣，見若坊者矣，見若覆夏屋者矣，見若斧者矣。』從若斧者焉。馬鬣封之謂也。今一日而三斬板，而已封，尚行夫子之志乎哉！」

舍，止宿也，與，語詞，言聖人葬人，當有可觀，人葬聖人，無足觀也，下乃詳述聖人所言，封法不同，以慰其遠觀之心也；若，如也，堂形四方而高，坊，堤也，坊形旁殺，平上而長也，覆，茨瓦也，夏屋，兩下之屋，殷以來始有四阿故屋旁廣而卑者謂之夏屋斧形旁殺刃上而長孔子以為刃上難登而狹又易為功故從若斧者焉馬鬣俗名子夏恐燕人不識故又舉俗稱以語之馬鬣鬣之上其肉薄封形似之也斬猶削也脫也脫下板而迭於上更築土實之三徧成墳也尚庶幾也孔子以時封過泰欲從其殺故一日三斬板庶行其志也

婦人不葛帶。

男子葬後卒哭、變麻、易葛，婦人重要而質，不變所重，故不葛帶，至期除之，卒哭止變首絰而已，然此亦謂齊衰以上，若大功以下輕服，至卒哭並變為葛，與男子同。

有薦新，如朔奠。

薦新，謂未葬中間得新味而薦之，重時物也，如朔奠，饌牲豐也，士則特豚三鼎。禮，大夫以上，朔望大奠，士但朔而不望。

既葬，各以其服除。

既葬至卒哭重親，各隨所受而變服，若三月之親，至服滿三月，應除者葬竟各自除，不待主人卒哭之變也。

池視重溜。

池，柳車之池，溜，屋承溜也，以木為之，承於屋，溜入此木中，又從木中而溜水於地下者；天子屋四注，四面皆有重溜，諸侯三，大夫二，士一；在

前生時，既屋有重溜以行水，故死時桺車亦象宮室，而於車覆鱉甲之下、牆帷之上，織竹為之，形如籠，衣以青布，以承鱉甲，名之為池，以象重溜。

君即位而為椑，歲一漆之，藏焉。

君，諸侯也，言諸侯則王可知，椑，謂梐棺親尸者，漆之，堅強甓甓然也，即位為椑，君尊，得豫備凶禮之具也，歲一漆之，示為之尚未成然，藏焉亦惡人之見也。

復、楔齒、綴足、飯、設飾、帷堂並作。父兄命赴者。

復，招魂也，楔，柱也，招魂後，用角柶柱亡人之齒，令開，使舍時不閉也，又以燕几綴亡人之足，令直，使著屨時不辟戾也，飯，含也，設飾，謂襲斂，遷尸之時又加著新衣也，帷堂，謂小斂時作行也，既復之後，五事並行也，赴，告也，奔告凡所親知也，以所赴者眾，故父兄命之，若君所則主人親命。

君復於小寢、大寢，小祖、大祖，庫門、四郊。

小寢，小於路寢者，大寢，路寢也，小祖，羣宮也，統世室禰廟而言，大祖，始祖之廟大廟也，庫門，魯外朝門名，四郊，遂地也，此言庫門固魯禮也，而舉四郊，蓋必有僭禮矣，六者皆生時所，嘗有事，故備復之也。

喪不剝，奠也與？祭肉也與？

剝猶倮也，露也，有牲肉則巾之，為其久設，塵埃加也，脯醢之奠不巾，與，語詞，言喪奠不露，蓋惟肉也。

既殯，旬而布材與明器。

布，陳而視之，材，木材葬器也，凡椁材抗木之屬，皆殯後十日內陳之，木工宜乾臘，且豫成也。

朝奠日出，夕奠逮日。

日出，日既出，而後奠也，逮日，及日未沒時，皆陰陽交接之候，庶機遇之也。

父母之喪，哭無時，使必知其反也。

禮，哭無時有三種，一是初喪未殯，哭不絕聲，二是殯後除朝夕哭外，廬中思憶則哭，三是小祥之後，哀至則哭，或一日二日而無復朝夕時也；使，謂君使之反還也，知其反，謂設祭告，至反必面之義也，此句與上句不屬，當另文別白言之，記混贅「哭無時」下，不詞也，又大夫、士既葬，公政入於家，既卒哭，金革之事無避，固為人臣之禮，然君子不奪人之親，亦不可自奪其親，

公事雖眾，有國者豈至無人可使，而必使及有喪者乎？此皆春秋之末，大夫專政，以三年之喪，從利之事也，不可為訓。

練，練衣黃裏、縓緣，葛要絰，繩屨無絇，角瑱，鹿裘衡長袪，袪褐之可也。

練，小祥也，期而小祥，著練冠練衣，故又名練也，蓋練本作湅，漚治也，練衣即大功七升布之衣；黃裏二字雜出，疑衍文，惟婦人衣有裏，男子衣單無裏也，以裏為中衣，而純黃是內飾也，抑裏或紕字之誤，紕，衣旁下緣也，縓，赤黃色，一染成者，緣，衣領及袖緣也，領緣用縓者，領緣外見，喪先外除，故飾外也；葛要絰者，小祥男子去首絰，惟餘要葛也，繩屨者，斬衰三年，喪菅屨，卒哭受齊衰蒯蔍屨，至小祥受大功繩麻屨也，絇，屨頭飾，吉有凶無，角瑱者，小祥微飾，以角為之，初喪痛甚，耳亦無聞，不煩充耳也；鹿裘者，冬時吉凶衣中皆有表，吉時有貴賤之異，喪則同用大鹿皮為之；橫長袪者，小祥之前，裘狹而短，袂又無袪，小祥稍飾，故更作裘橫，則廣大又長之，且為袪，加此三法也；褐，裘上又加褐也，為吉轉文，故袪又褐之也，此又言小祥以後，以練衣代衰，冬衣鹿裘，即以練衣為褐也。夫斬疏總，大小功緦錫，皆曰衰喪正服也，練麻皆曰衣喪變服也，至親以期斷，加隆而三年，故加隆之服，正服當除，有所不忍，故為之變服，以至再期也，首絰除矣，七升之冠、六升之衰皆易而練矣，屨易而繩矣，所不變者，要絰杖而已。

有殯，聞遠兄弟之喪，雖緦必往；非兄弟，雖鄰不往。

必往，往哭也，所以親骨肉；不往，往弔也，鄰既非親，則已喪在殯，不暇弔也。

所識其兄弟不同居者皆弔。

弔所以哀生也，伯高死於衛，孔子使子貢為之主，曰「為爾哭」也，來者拜之，則朋友尚為主受弔，況兄弟乎？

天子之棺四重；水兕革棺被之，其厚三寸，杝棺一，梓棺二，四者皆周。棺束縮二衡三，衽每束一。柏槨以端長六尺。

水，水牛，兕，兕牛，二牛之革，合而為棺，被猶包也，以包身也，水兕二皮不能各厚三寸，合為革棺，共厚三寸也；杝，木似白楊，杝棺，椑棺也，梓棺二，屬與大棺也，周，帀也，上下四方悉周帀也，惟槨不周，下有茵，上有抗席故也；公三重，無水革，侯伯再重，無兕革，大夫一重，無杝棺，士不

重，無屬棺；束者，古棺木無釘，故用皮束合之，縮二，縱束二行也，衡三，橫束三行也，衽，小要，其形兩頭廣，中央小也，鑿棺木兩邊，合際處作坎，形以小要連之，每棺束處亦以小要一行連之，適相對也，若豎束之處，則又豎著其衽，以連棺蓋及底木，使與棺頭尾之材相固也；柏槨以柏木為槨也，天子柏槨，黃腸為裏，表之以石，諸侯之槨以松，大夫以柏，士雜木也，端，頭也，以端者，槨本著下處皆外侈，至上皆斂湊內向，所謂題湊也。

天子之哭諸侯也，爵弁絰緇衣；或曰：使有司哭之，為之不以樂食。

爵弁，士祭服，緇同脂，黑色，亦玄端服也，爵弁無加絰之理，《周官》天子為諸侯服總衰，其首服皆弁絰，弔服亦同，則哭當如之，而此記乃云以爵緇吉服哭之，衰世慝禮，不可取信，使有司哭，亦非也，哀戚之事，不可虛，不以樂，即諸侯薨，去樂也。

天子之殯也，菆塗龍輴以槨，加斧於槨上，畢塗屋，天子之禮也。

菆，叢也，菆塗，用木菆棺而四面塗之也，龍輴，載柩車，畫轅為龍文也，以槨者，題湊、叢木周、龍輴，象槨也，斧，云加上者如生時坐上，承塵為上，覆以緣幕三重，畫斧文也，屋則以木為四注，如屋盤槨之上，與槨盡塗者也。

唯天子之喪，有別姓而哭。

凡哭皆有位，別姓者，異姓、庶姓為後也。

魯哀公誄孔丘曰：「天不遺耆老，莫相予位焉，嗚呼哀哉！尼父！」

遺，置也，耆老，謂孔子相佐也，嗚呼哀哉，傷痛之詞，蓋稱字以寓哀傷之意，哀公原未膚孔子之行而為之諡也，時人見其哀詞，而遂以為誄，其實非也，但生不能用，死而哀之，又奚及哉？

國亡大縣邑，公、卿、大夫、士皆厭冠，哭於大廟，三日，君不舉。或曰：君舉而哭於后土。

厭冠無梁，喪冠也，軍敗失地，以喪禮歸也，其服未聞，舉者殺牲而食，則舉以祭也，不舉，自貶傷也，或曰君舉，非。

孔子惡野哭者。

哭不以禮為野，如子蒲卒哭者呼滅之類，哭非其地亦為野，如行哭歡鳴於國中之類，若哭所知於野，必設位帷之以成禮與，凡奔喪哭於道，亦不可，謂非地也。

未仕者，不敢稅人；如稅人，則以父兄之命。

稅，以物遺人也，為人子者，不有私財，亦無私交，仕既食祿於國，又或以國事交於人，不能無稅人之事，故未仕者不敢稅人，即有稅人，亦必奉父兄之命，而己不敢專也。

士備入而後朝夕踊。

備猶盡也，國君之喪，嫌嗣君先入，即位哭便踊，故記者言之，士卑，入最後，故舉士入為畢入也，蓋孝子雖先入哀深，而其踊必相視為節。

祥而縞，是月禫，徙月樂。

祥，大祥也，縞者，縞冠素紕，既祥之冠也，是月即大祥之月，既祥即謂之禫也，徙，遷也，過也，過大祥之月，猶禫月者多也，既祥之後，幣月皆謂之禫，然三年之喪，至二十五月畢，則禫祭當於出祥月之初，故曰徙月，樂以既禫祭，即樂作也。

君於士有賜帟。

帟，幕之小者，所以承塵，賜之則張於殯上，士賤，非賜，幕人不供也，大夫以上皆幕人供之。

禮記卷四　檀弓下

君之適長殤，車三乘；公之庶長殤，車一乘；大夫之適長殤，車一乘。

禮，殤下成人，天子之元子士也，則諸侯之適，必誓於天子，乃下其君二等，若未誓而又殤，當與常人同；車三乘，疑僭也，車乘車即魂車也三乘者貳車二乘也或以為遣車者非禮士無遣車且記亦當詳言之。

公之喪，諸達官之長，杖。

達官，小事得專達之官，其長即諸鄉當國者，杖以輔病，達官之長杖，於君恩為尤重也，惟長杖則諸達官為眾臣不以杖即位矣。

君於大夫，將葬，弔於宮；及出，命引之，三步則止。如是者三，君退；朝亦如之，哀次亦如之。

宮，殯宮也，命引之，亦親執紼之意，君不可親，故命之也，君三命引之，引者皆三步而止，凡移九步，不敢遽行，以君在故也，故君即退避以俟柩可遄行也；朝，大夫之朝在中門內，哀次，居廬之所在中門外，君雖退，猶俟柩行而未去，故至朝、至哀次猶俱三命引也，蓋大夫為貴臣，非士賤可比，故雖不親送葬，而將葬前一日必親弔於宮，視啟行而後歸也。

五十無車者，不越疆而弔人。

以氣力始衰，不能徒行也。

季武子寢疾，蟜固不說齊衰而入見，曰：「斯道也，將亡矣；士唯公門說齊衰。」武子曰：「不亦善乎，君子表微。」及其喪也，曾點倚其門而歌。

道猶禮也，表，彰之也，時武子以世卿專政，國人事之如君，惟蟜固著衰

入見，且面矯時俗之失，所以警武子也，武子無如之何，佯若善之，其實心不謂然，故以不脫齊衰為禮之微，而蟜固能表之也；倚門而歌，無是理也，然末二句不可解，謂其喪為武子之喪，則武子卒時，曾點年僅髫齓，未能歌也，以為蟜固之喪，文義又嫌不貫，蓋事本傳訛，文亦贅妄，二句當刪。

大夫弔，當事而至，則辭焉。

弔，弔於士也，事若大小斂、殯之事，辭猶告也，以有事也，主人無事，則大夫弔當出，至庭而拜之。

弔於人，是日不樂。婦人不越疆而弔人。行弔之日不飲酒食肉焉。

是日，終是日也，君子哀樂不同日，婦人無外事也。

弔於葬者必執引，若從柩及壙，皆執紼。

引在前，屬於柩車，以行道也，紼在旁，屬柩旁，以下棺而葬也，執引用人，貴賤有數，贏則散行，從柩至壙，下棺不限人數，皆執紼也

喪，公弔之，必有拜者，雖朋友州里舍人可也。弔曰：「寡君承事。」主人曰：「臨。」

拜，往謝弔也，舍人，謂同居之親，先朋友州里而後舍人者，庶人不得與國君為禮，必以其同僚中、朋友州里中姻親、爵位與同者代之拜，皆不可得，然後以同居大功之親、不必盡有爵位者也；寡君承事，擯者傳詞也，弔本為助事，故雖君尊，亦曰承事也，稱寡君，似弔異國臣詞，蓋亦為賢而未受祿者之通稱，曰臨者，主人辭謝之語，謂辱君降臨也。

君遇柩於路，必使人弔之。

君於民有父母之恩故也，若臣當特弔其家，不可野弔。

大夫之喪，庶子不受弔。

不受弔，使人辭之，不為主人避嫡也，且不敢以賤者為有爵者主也。

妻之昆弟為父後者死，哭之適室，子為主，袒免哭踊，夫入門右，使人立於門外告來者，狎則入哭；父在，哭於妻之室；非為父後者。哭諸異室。有殯，聞遠兄弟之喪，哭於側室；無側室，哭於門內之右；同國，則往哭之。

適室，正寢也，禮，女子適人者，為昆弟為父後者不降，故姊妹之夫為之哭於適室之中庭；子為主者，甥為舅服緦，故命己子為主受弔拜賓也；冠尊，不居肉袒上，故哭哀必踊，踊必先袒，袒亦必免，袒免哭踊，乃甥為舅之事，

夫哭妻之兄弟，無袒免也，故下始言；夫入門右，以子既為主，位東階之下，西向則夫入門右，近南而北向哭也；來，謂閭里聞哭來弔者，狎，習也，謂來者與亡者曾習識也，女主不拜男賓，故使其子主之，若女賓至則妻自為主矣；哭於側室，嫌哭殯也，門內，大門之內、右門東也，西面為之變位，亦嫌哭殯也，此哭妻兄弟與哭遠兄弟，皆謂不同國者，故以同國則往哭總結之。

子張死，曾子有母之喪；齊衰而往哭之。或曰：「齊衰不以弔。」曾子曰：「我弔也與哉？」

孔子之喪，門人皆絰而出，三年始治任而歸，皆禮所未有，故子張之喪，曾子齊衰而往哭之，蓋志同道同，情親義重，不異同氣也，故曰朋友之墓有宿艸而不哭焉，是朋友之心喪，猶期之兄弟也。

有若之喪，悼公弔焉，子游擯，由左。

悼公，魯哀公子，相主人曰擯，此善子游知禮，與泄柳死，其徒由右相異，然由左字終贅，當刪，蓋苟不詳所以書由左之故，而止以擯言，則擯固無有不由左者，徒滋後人之惑何為乎？

齊榖王姬之喪，魯莊公為之大功。或曰：「由魯嫁，故為之服姊妹之服。」或曰：「外祖母也，故為之服。」

榖當為告，聲之誤也，王姬，桓王女，齊襄公夫人，則莊公為舅之妻也；莊公，桓公子，舅之妻無服，王姬之嫁，齊襄公當親迎於周，不親迎而嫁於魯，非禮也；由魯嫁而遂為服姊妹之服，又不知何禮也，此直莊公之母文姜與齊襄公淫慝狂悖之舉耳，豈足為據哉？或以為外祖母，尤非，外祖母亦無大功之服也。

晉獻公之喪，秦穆公使人弔公子重耳，且曰：「寡人聞之：亡國恒於斯，得國恒於斯。雖吾子儼然在憂服之中，喪亦不可久也，時亦不可失也。孺子其圖之。」以告舅犯，舅犯曰：「孺子其辭焉；喪人無寶，仁親以為寶。父死之謂何？又因以為利，而天下其孰能說之？孺子其辭焉。」公子重耳對客曰：「君惠弔亡臣重耳，身喪父死，不得與於哭泣之哀，以為君憂。父死之謂何？或敢有他志，以辱君義。」稽顙而不拜，哭而起，起而不私。子顯以致命於穆公。穆公曰：「仁夫公子重耳！夫稽顙而不拜，則未為後也，故不成拜；哭而起，則愛父也；起而不私，則遠利也。」

獻公死時，重耳在狄，喪即亡也，謂失位也，孺，穉也，舅犯，重耳舅狐偃也；仁，愛也，寶，謂善道可守者，因以為利，謂求反國為後，是利父死也，說，解也，子顯，秦公子縶也，顯當作輷，未為後、不成拜者，欲為後，則當拜謝勸反國之恩意也，哭而起，為愛父者痛不得執喪於殯所，故起猶哭也，不私，與使者言，則必無心得國矣。

帷殯，非古也，自敬姜之哭穆伯始也。

帷殯與帷堂異，故孝子思念其親，朝夕哭時，必褰徹其帷，如欲見之也；敬姜，穆伯妻，穆伯，魯季悼子之子公父靖也，敬姜哭穆伯，以避嫌，不欲見夫之殯，故特帷殯，與畫哭不夜哭同意。

喪禮，哀戚之至也。節哀，順變也；君子念始之者也。

始猶生也，念父母生，已不敢傷性，故雖哀戚之至，而哭踊有節，所以順情漸變也。

復，盡愛之道也，有禱祠之心焉；望反諸幽，求諸鬼神之道也；北面，求諸幽之義也。

復，招魂也，盡愛之道，既死而猶冀其復生，於愛親之道始盡也，禱祠之心，猶幸冀之意，如云禱祠而求是也，反，還也，鬼神處於幽，既死而望其復生，故望其自鬼神處所歸還也，北，幽地也，復必北面，是求諸幽之義。

拜稽顙，哀戚之至隱也；稽顙，隱之甚也。

孝子拜賓，皆先稽顙而後拜，言拜稽顙，謂拜賓以稽顙，非謂先拜後稽顙也，哀者聲、戚者容，隱，痛也，稽顙於諸哀戚為尤痛，非謂拜也，謂視凡辟踊哭泣之屬。

飯用米貝，弗忍虛也；不以食道，用美焉爾。

飯，含飯也，米，生米也，貝，水物，古以為貨虛空口也，不忍虛，似生時猶有食道也，然用米貝而不以熟物，止為美觀而已；禮，士飯含用稻米貝三，弗忍虛，不致死也，不以食道，不致生也。

銘，明旌也，以死者為不可別已，故以其旗識之。愛之，斯錄之矣；敬之，斯盡其道焉耳。

明旌，以為神明而旌建之也，不可別，形貌藏而難見也，其旗，生時所建之旗也，識，記也，錄，著其名也，謂書死者之名於旗也，盡其時，謂若使傳其名於無窮也；禮，銘旌，王建大常，諸侯建旗，孤卿建旐，大夫士建物，故

《士喪記》云各以其物長三尺。

重，主道也，殷主綴重焉；周主重徹焉。

蓋棺之後，音容不可再見，故設木以象神，而魄體尚在柩，以其魂魄兩分，而有重之名也；及既葬，體魄藏，迎精而反立主以棲神，則子姓之心專注於此，故又有主之名也，設重時未設主，故重有主道；殷禮始殯，置重於庭，至作虞主，訖則以主綴於重，而入死者之廟，至廟祧而後，重並主俱瘞也；周人作虞主，則徹重而埋門外道左，至小祥作練主，則又埋虞主於祖廟門外道左，以虞主用桑從凶，練主用栗從吉也，然既作主，復懸重，義無所聶，不若徹而埋之，使神明之歸一也，孔子曰「殷已愨，吾從周」，亦謂此類矣。

奠以素器，以生者有哀素之心也；唯祭祀之禮，主人自盡焉爾；豈知神之所饗，亦以主人有齊敬之心也。

置於地謂之奠，以無尸但奠之也，素，無飾也，因奠而及凡祭祀之祀，言主人皆惟自盡其心；云爾，以奠為祭之始，非若生時奉養之實也。

辟踊，哀之至也，有算，為之節文也。袒、括髮，變也；慍，哀之變也。去飾，去美也；袒、括髮，去飾之甚也。有所袒、有所襲，哀之節也。

撫心為辟，跳躍為踊，喪親之痛，哀慕志懣，男踊女辟，是哀痛之至極也，算，數也，若不裁限，恐傷其性，故辟踊有算，以為之節，有節則有文，如每一踊三跳，九跳則三踊為一節；袒衣括髮，形貌之變也，慍，含怒意，若歸咎於天恨，不能以身代也，哀變者，哀極變幻之想也，去飾為去美，謂去吉時華美之飾也，去飾之事不一，而袒括髮為甚也，哀甚則袒，哀輕則襲，是哀之限節也。

弁絰葛而葬，與神交之道也，有敬心焉。周人弁而葬，殷人冔而葬。

喪弁環絰用麻，天子、諸侯、大夫之喪冠也，至葬則首絰易麻以葛者，以天子葬以七月，諸侯五月，踰時既久，敬心漸生，故變服而葬，有與神交之道也；《雜記》曰凡弁絰，其衰侈袂，言天子、諸侯、大夫其喪服與士不同；殷冔亦如周弁，為貴者之服，周人、殷人皆以天子、諸侯、大夫言之，故與卑者不同，其弁布升數固無不同也；記者以為與神交有敬心，猶可通，若以弁、冔為用祭冠，則非矣。

歠主人、主婦室老，為其病也，君命食之也。

歠，啜粥也，主人，亡者之子，主婦，亡者之妻室，老，家相也，親喪，三日不舉火，故鄰里為之糜粥以食之，士、庶人之禮也，大夫之家則貴者必君命之，餘同士庶人，君命食之，即命啜粥也。

反哭升堂，反諸其所作也；主婦入於室，反諸其所養也。

反哭，葬畢而反哭也，堂、室皆謂廟中之堂、室，堂為死者生時所行禮處，作，動作也，故云反其所作也；室，生時所饋食處，養，饋食也，故云反其所養也；初反哭在廟，以死者至是而孝養於廟之事畢也，禮既反哭，賓弔送賓出門，然後適殯宮。

反哭之弔也，哀之至也，反而亡焉，失之矣，於是為甚。殷既封而弔，周反哭而弔。孔子曰：「殷已慤，吾從周。」

反哭之弔，《士喪禮》反哭賓弔曰「如之何」是也，亡，無也，失，不可再得也，始死猶有尸，既殯猶有棺，既葬而反哭，則終無有矣，故其哀痛為尤甚也，慤，誠質也，墓壙非生存所在之處，殷葬畢而弔，猶承古制，故以為慤也。

葬於北方北首，三代之達禮也，之幽之故也。

之幽，言為鬼神則往幽闇之處也。

既封，主人贈，而祝宿虞尸。既反哭，主人與有司視虞牲，有司以几筵舍奠於墓左，反，日中而虞。葬日虞，弗忍一日離也。是月也，以虞易奠。

封讀為窆，下棺也，贈，以幣送死者於壙也，宿，肅也，戒也，虞尸，男男尸、女女尸也，主人於窆，贈既畢，祝即戒虞，尸急反虞也；既反哭，即適殯宮而與有司視虞祭之牲也，几以依神，筵，坐神席也，席敷陳曰筵，舍，釋也，奠，置也，墓左，墓道向南，以東為左也，主人先反哭治虞事，故有司獨留以几筵，及祭饌置於墓左，以禮地神也，禮之者，以死者形魄在其地也；反謂舍奠，有司奠畢而歸也，虞，安也，葬畢，還殯宮而虞，所以安神也，必用日中，是日時之正也，必待有司反而後虞者，葬事畢，然後敢治葬，反之祭也；弗忍一日，離其親之神，故不待明日而後虞也，以虞易奠，虞之禮視奠漸吉也，日中，辰正也，再虞以後皆用質明矣。士三虞，大夫五虞，諸侯七虞，天子九虞，每虞加間一日。

卒哭曰成事，是日也，以吉祭易喪祭，明日，祔於祖父。

卒哭，卒無時之哭也，成事，成祭事也；禮，始死，哭不絕聲，既葬而卒哭，則止朝夕哭，及哀至而哭矣；禮，卒哭，士三月，大夫五月，諸侯七月，天子九月，士三虞止七日，大夫五虞止二十一日，諸侯七虞止四十三日，惟天子九虞有七十三日，故虞祭畢，必又擇日為卒哭之祭，凡祭皆柔日，惟卒哭用剛日，以卒哭非正祭，為祔祭，而先一日以吉祭祭之，即吉以漸也；祔，附祭也，神始入廟，必先有所附，而後可以特祀，亦神之以漸也，祔則附於王父矣，祖父，王父也，不祔禰者，蓋嫌昵也，即以卒哭為未虞者，非。

其變而之吉祭也，比至於祔，必於是日也接——不忍一日末有所歸也。殷練而祔，周卒哭而祔。孔子善殷。

變謂異常，即用剛日也，士虞禮謂之他，其義一也，之，往也，猶用也，凡禮事，吉凶類相反，而時又相接，不可不變而行之，故以剛日變凶之吉，遂比次其日相接，以至於祔也，其必欲接日而祭，正不忍其親一日無所歸，即虞祭不忍一日離之意也，孔子善殷，蓋期而神之，人之情也，故又曰周已戚，吾從殷，蓋嫌周祔之期太促也。

君臨臣喪，以巫祝桃茢執戈，惡之也；所以異於生也。喪有死之道焉。先王之所難言也。

桃，鬼所畏，茢，萑苕，可掃不祥，惡之，為有凶邪之氣也；禮，王弔，巫祝在前，執戈為衛也，桃茢未聞，或曰非待臣之禮也，周之末造也，死，漸散也，難言之，不便也，死道難言，故有巫前，若祀事立尸，則止以祝相尸矣。

喪之朝也，順死者之孝心也，其哀離其室也，故至於祖考之廟而後行。殷朝而殯於祖，周朝而遂葬。

朝謂遷柩於廟，死者將葬，朝廟而後行，猶生時出必告之意，殷人死則神之，故朝廟即殯於祖廟，與周殯路寢及朝廟遂葬異也。

孔子謂：為明器者，知喪道矣，備物而不可用也。哀哉！死者而用生者之器也。不殆於用殉乎哉。其曰明器，神明之也。塗車芻靈，自古有之，明器之道也。孔子謂為芻靈者善，謂為俑者不仁，殆於用人乎哉！

殉，殺生人殉死人也，塗車，泥車也，芻靈，束茅為人馬形，言靈神之也，俑，木偶人也，有面目，機發似生人，用人，用生人殉也，再引孔子，是古而非後世，蓋君子見微時事之變，有用殉用人之兆也。

穆公問於子思曰：「為舊君反服，古與？」子思曰：「古之君子，進

人以禮，退人以禮，故有舊君反服之禮也；今之君子，進人若將加諸膝，退人若將隊諸淵，毋為戎首，不亦善乎！又何反服之禮之有？」

舊君，仕焉而已者，反，復也，反服者，為臣則為君服，義服也，既不為臣而猶為之服，是循義而推恩，故復為之服也；禮，為舊君服齊衰三月，與國民同，古與之問，疑今之不然也，子思言放逐之臣，君臣義絕，戎首者，為兵主來攻戰者也。

悼公之喪，季昭子問於孟敬子曰：「為君何食？」敬子曰：「食粥，天下之達禮也。吾三臣者之不能居公室也，四方莫不聞矣，勉而為瘠則吾能，毋乃使人疑夫不以情居瘠者乎哉？我則食食。」

悼公，魯哀公子，名寧，昭子，康子曾孫，名強，敬子，武伯子，名捷，居公室，謂居廬也；禮，大夫次於公館，以終喪卒哭乃蔬食水飲，孔子曰喪事不敢不勉，敬子之言，鄙倍極矣。

衛司徒敬子死，子夏弔焉，主人未小斂，絰而往。子游弔焉，主人既小斂，子游出，絰反哭，子夏曰：「聞之也與？」曰：「聞諸夫子，主人未改服，則不絰。」

司徒，以官為氏，公子許之後。禮，朋友相弔，必俟主人改服乃絰，士喪禮小斂奉尸，夷於堂，主人即位踊，襲絰於序東，是小斂改服也，凡絰皆兼首帶二者，不言省文。

曾子曰：「晏子可謂知禮也已，恭敬之有焉。」有若曰：「晏子一狐裘三十年，遣車一乘，及墓而反；國君七個，遣車七乘；大夫五個，遣車五乘，晏子焉知禮？」曾子曰：「國無道，君子恥盈禮焉。國奢，則示之以儉；國儉，則示之以禮。」

恭敬，禮之本也，及墓而反，謂至墓窆事簡略，如苞筲、明器等不盡備，則葬事易畢而早反也，個，謂牲體折段之數，晏子言惟卿為大夫，則遣車一乘，猶從諸侯大夫之禮矣，士喪禮無遣車也，國無道而盈禮，是僭也，晏子雖儉，蓋未嘗廢禮以儉其親也。

國昭子之母死，問於子張曰：「葬及墓，男子、婦人安位？」子張曰：「司徒敬子之喪，夫子相，男子西鄉，婦人東鄉。」曰：「噫！毋。」曰：「我喪也斯沾。爾專之，賓為賓焉，主為主焉，婦人從男子皆西鄉。」

國昭子，齊大夫，子，孔子也，西向、東向，夾羨道為位也，噫，不然之

聲，毋，禁止詞，斯，盡也，沾當作覘，視也，昭子自謂大家，人盡觀法也，專猶同也，同西向，男女無別，非禮也。

穆伯之喪，敬姜晝哭；文伯之喪，晝夜哭。孔子曰：「知禮矣。」

喪夫不夜哭，嫌私情勝也。

文伯之喪，敬姜據其床而不哭，曰：「昔者吾有斯子也，吾以將為賢人也，吾未嘗以就公室；今及其死也，朋友諸臣未有出涕者，而內人皆行哭失聲。斯子也，必多曠於禮矣夫！」

將為賢人，謂其質美也，公室即公國之小學，在公宮外虎門之左，凡國之貴游子弟學焉，蓋文伯少孤，敬姜未使就學公宮，故及其死而自悔也；行哭，謂行哭泣之禮，曠，廢也，謂文伯但知好內，而不能親賢人也。

季康子之母死，陳褻衣。敬姜曰：「婦人不飾，不敢見舅姑，將有四方之賓來，褻衣何為陳於斯？」命徹之。

褻衣非上服，陳之將以斂也；敬姜，康子從祖母，言四方之賓嚴於舅姑。

有子與子游立，見孺子慕者，有子謂子游曰：「予壹不知夫喪之踊也，予欲去之久矣。情在於斯，其是也夫？」子游曰：「禮：有微情者，有以故興物者；有直情而徑行者，戎狄之道也。禮道則不然，人喜則斯陶，陶斯詠，詠斯猶，猶斯舞，舞斯慍，慍斯戚，戚斯歎，歎斯辟，辟斯踊矣。品節斯，斯之謂禮。人死，斯惡之矣，無能也，斯倍之矣。是故制絞衾、設蔞翣，為使人勿惡也。始死，脯醢之奠；將行，遣而行之；既葬而食之，未有見其饗之者也。自上世以來，未之有舍也，為使人勿倍也。故子之所刺於禮者，亦非禮之訾也。」

壹猶常也，喪之踊猶孺子之號慕也，微猶殺也，言賢者喪親，必致滅性，故制三日而食、哭踊有數諸節，以殺其情，使之俯就也；興，起也，以故興物，謂不肖者無哀，為衰絰諸文，使其覩服思哀，發其情以企及也；直肆己情則無節，徑行己志則無文，賢者無所微，不肖者無所興，是戎狄之道，非禮道也；陶謂鬱陶，心初悅而未暢也，暢則口詠之矣，猶，如君子猶猶之猶，舒徐自適也，劉氏敞曰猶斯舞下文有闕誤，當作舞斯蹈矣，人悲則斯慍，蓋自喜五變而至蹈，自悲五變而至踊，所謂孺子慕者也，若舞宜樂，不宜更慍，又不當漸至辟踊也；戚，憂憤也，歎，嘅恨聲，品，階格也，節，制斷也，無能，以為無復有能也；絞衾所以飾尸，蔞翣所以飾棺，蔞，《周禮》作柳，將行，將葬也，

遣，遣奠也，食，反虞之祭也，舍猶廢也，刺，譏也，訾，病也，非禮之訾，言禮當有節文，與夷狄不同也。

吳侵陳，斬祀殺厲，師還出竟，陳大宰嚭使於師。夫差謂行人儀曰：「是夫也多言，盍嘗問焉；師必有名，人之稱斯師也者，則謂之何？」大宰嚭曰：「古之侵伐者，不斬祀、不殺厲、不獲二毛；今斯師也，殺厲與？其不謂之殺厲之師與？」曰：「反爾地，歸爾子，則謂之何？」曰：「君王討敝邑之罪，又矜而赦之，師與，有無名乎？」

吳侵陳，以魯哀公元年秋，修舊怨也，祀，神位有屋樹者，厲，疫病人也；洪氏邁曰嚭，吳大宰，儀，陳行人，記者簡策差互，偶更其名與官耳，夫差，吳子光子，是夫，謂陳行人，多言，謂其或有他言也，嘗，試也，子謂所獲臣民。

顏丁善居喪：始死，皇皇焉如有求而弗得；及殯，望望焉如有從而弗及；既葬，慨焉如不及其反而息。

顏丁，魯人，皇皇，言心無所依，望望，言形無所跂，從，隨也，慨，憊貌，反而息，謂反而虞祭以安神也。

子張問曰：「《書》云：『高宗三年不言，言乃讙。』有諸？」仲尼曰：「胡為其不然也？古者天子崩，王世子聽於冢宰三年。」

讙，喜悅也，臣民喜悅，望其言也；冢宰，天官，卿王之相也，王世子遭喪，則冢宰攝政也。

知悼子卒，未葬；平公飲酒，師曠、李調侍，鼓鍾。杜蕢自外來，聞鐘聲，曰：「安在？」曰：「在寢。」杜蕢入寢，歷階而升，酌，曰：「曠飲斯。」又酌，曰：「調飲斯。」又酌，堂上北面坐飲之。降，趨而出。平公呼而進之曰：「蕢，曩者爾心或開予，是以不與爾言；爾飲曠何也？」曰：「子卯不樂；知悼子在堂，斯其為子卯也大矣。曠也大師也，不以詔，是以飲之也。」「爾飲調何也？」曰：「調也君之褻臣也，為一飲一食，忘君之疾，是以飲之也。」「爾飲何也？」曰：「蕢也宰夫也，非刀匕是共，又敢與知防，是以飲之也。」平公曰：「寡人亦有過焉，酌而飲寡人。」杜蕢洗而揚觶。公謂侍者曰：「如我死，則必無廢斯爵也。」至於今，既畢獻，斯揚觶，謂之杜舉。

悼子，晉大夫荀盈，平公，晉侯彪也，飲，燕飲也，侍，侍飲也，鼓猶奏

也，鼓鍾，燕樂也，杜蕢三酌皆罰也，紂以甲子死，桀以乙卯亡，王者謂之疾日，不以舉樂為吉事，所以自戒懼；禮，君於卿大夫，比葬不食肉，比卒哭不舉樂；詔，告也，褻臣，近臣也，近臣當規君疾憂，非猶不也，防，禁放溢也，揚，舉也，猶勝也，廢斯爵，以為後戒也，畢獻，獻賓與君也，今，謂作記時。

公叔文子卒，其子戍請諡於君曰：「日月有時，將葬矣。請所以易其名者。」君曰：「昔者衛國凶饑，夫子為粥與國之餓者，是不亦惠乎？昔者衛國有難，夫子以其死衛寡人，不亦貞乎？夫子聽衛國之政，修其班制，以與四鄰交，衛國之社稷不辱，不亦文乎？故謂夫子『貞惠文子』。」

文子，衛獻公孫名拔，或作發，有難，謂齊豹作亂，殺公孟，公如死鳥，在魯昭公二十年，班言上下之序，制言多寡之節。

石駘仲卒，無適子，有庶子六人，卜所以為後者。曰：「沐浴、佩玉則兆。」五人者皆沐浴、佩玉；石祁子曰：「孰有執親之喪而沐浴、佩玉者乎？」不沐浴、佩玉。石祁子兆。衛人以龜為有知也。

駘仲，衛大夫石碏之後，兆，見也，當為後者也。

陳子車死於衛，其妻與其家大夫謀以殉葬，定，而後陳子亢至，以告曰：「夫子疾，莫養於下，請以殉葬。」子亢曰：「以殉葬，非禮也；雖然，則彼疾當養者，孰若妻與宰？得已，則吾欲已；不得已，則吾欲以二子者之為之也。」於是弗果用。

子車，齊大夫成子之族，子亢，子車弟，孔子弟子，下，地下也，家大夫三字不詞，止當作宰。

子路曰：「傷哉貧也！生無以為養，死無以為禮也。」孔子曰：「啜菽飲水盡其歡，斯之謂孝；斂首足形，還葬而無槨，稱其財，斯之謂禮。」

啜菽，敖豆為粥而啜也，斂形，不使外露也，還猶疾也，還葬，言不必及日月。

衛獻公出奔，反於衛，及郊，將班邑於從者而後入。柳莊曰：「如皆守社稷，則孰執羈靮而從；如皆從，則孰守社稷？君反其國而有私也，毋乃不可乎？」弗果班。

獻公，定公子，魯襄公十四年出奔齊，二十六年復歸國，桺莊言從守皆宜如一，不可有私，私則生怨也，羈靮所以御馬，故從者以執羈靮言。

衛有大史曰柳莊，寢疾。公曰：「若疾革，雖當祭必告。」公再拜稽首，請於尸曰：「有臣柳莊也者，非寡人之臣，社稷之臣也，聞之死，請往。」不釋服而往，遂以襚之。與之邑裘氏與縣潘氏，書而納諸棺，曰：「世世萬子孫，毋變也。」

革，急也，邑，都邑也，裘氏，邑名，縣即四甸為縣之縣，潘氏，縣名；禮，臣死，君當親弔，然當祭未送尸，與不釋服，與以祭服襚，與賜邑書而納棺，皆非禮也。

陳乾昔寢疾，屬其兄弟，而命其子尊已曰：「如我死，則必大為我棺，使吾二婢子夾我。」陳乾昔死，其子曰：「以殉葬，非禮也，況又同棺乎？」弗果殺。

婢子，妾也，尊己不陷父於不義，記者善之。

仲遂卒於垂；壬午猶繹，萬入去籥。仲尼曰：「非禮也，卿卒不繹。」

仲遂，魯莊公子東門襄仲也，垂，齊地，繹祭，明日賓尸也，萬，文、武二舞之總名，籥如笛，六孔，文，舞也，因吹籥有聲，故去之，襄仲卒於外，祭時未知，祭畢聞訃，則不當繹矣，故曰卿卒不繹，區區僅去有聲者，詎足以為禮乎？事見魯宣公八年。

季康子之母死，公輸若方小，斂，般請以機封，將從之，公肩假曰：「不可！夫魯有初，公室視豐碑，三家視桓楹。般，爾以人之母嘗巧，則豈不得以？其母以嘗巧者乎？則病者乎？噫！」弗果從。

公輸，氏，若，名，魯匠師也，小，年幼未知禮也，斂謂下棺於壙，般，若之族，機，別為關動之巧也，封讀為窆，時人服般之巧，故般代若為匠師，而欲試其巧技也；公輸、公肩皆魯公族，初，故事也，豐碑，以大木為之，形如石碑，於槨前後左右四樹之，穿中間為鹿盧，以綍繞下棺，天子六綍四碑，前後各重鹿盧也，視豐碑，時公室僭天子也；桓楹，形如堂楹，耳植相對也，諸侯四綍二碑，碑形如桓，視桓楹，時三家僭諸侯也；禮，大夫二綍二碑，士二綍無碑；病，害也，言有害於般也，噫，怪而異之之聲，兩則乎字，是急口語，不可斷，分作三句，即不成文。

戰于郎，公叔禺人遇負杖入保者息，曰：「使之雖病也，任之雖重

也，君子不能為謀也，士弗能死也。不可！我則既言矣。」與其鄰童汪
踦往，皆死焉。魯人欲勿殤童汪踦，問於仲尼。仲尼曰：「能執干戈以衛
社稷，雖欲勿殤也，不亦可乎！」

此即魯哀公十一年與齊戰清事也，郎字疑悞，據傳當作郊，禺人，昭公子，
傳作務人，遇，見也，杖，兵械，君子謂卿大夫鄰，鄭氏云或為談，然鄰、談
皆變字之訛，重又皆童字之訛，童，未冠之稱；汪，氏，踦，名；禮，童子死，
以殤禮禮之。

子路去魯，謂顏淵曰：「何以贈我？」曰：「吾聞之也：去國，則哭
於墓而後行；反其國，不哭，展墓而入。」謂子路曰：「何以處我？」子
路曰：「吾聞之也：過墓則式，過祀則下。」

贈，送也，哭，哀去父母國也，非有君事，故當哭去，展，省視之處，猶安
也，居者主敬，哭墓，己先人之墓，過墓，凡所過之墓，祀，神位有屋樹者。

工尹商陽與陳棄疾追吳師，及之。陳棄疾謂工尹商陽曰：「王事也，
子手弓而可。」手弓。「子射諸。」射之，斃一人，韔弓。又及，謂之，
又斃二人。每斃一人，掩其目。止其御曰：「朝不坐，燕不與，殺三人，
亦足以反命矣。」孔子曰：「殺人之中，又有禮焉。」

工尹，楚掌工之官，商陽，名也，陳棄疾，楚共王子君陳蔡者，後更熊居
名，即平王也，斃，僕也，韔，韜也，掩其目，不忍視也，朝燕皆指路寢，言
正朝雖君大夫皆立也，有禮，善其不多殺也，蓋追奔與敵戰異。

諸侯伐秦，曹桓公卒於會。諸侯請含，使之襲。

伐秦在魯成公十三年，桓當作宣，聲之誤也，宣公，曹伯廬也，請含，以
朋友有相唅食之道，使襲，非禮也，襲，賤者之事，蓋晉使之。

襄公朝於荊，康王卒。荊人曰：「必請襲。」魯人曰：「非禮也。」
荊人強之。巫先拂枢。荊人悔之。

襄公，魯襄公午也，朝楚在二十八年，荊，楚本號，康王，楚子昭也，強之
欲辱魯以尊楚也，拂枢以桃茢，君臨臣喪有之，然此亦小慧，非自強之本。

滕成公之喪，使子叔、敬叔弔，進書，子服惠伯為介。及郊，為懿
伯之忌，不入。惠伯曰：「政也，不可以叔父之私，不將公事。」遂入。

成公，滕子原也，卒在魯昭公三年，敬叔，叔弓也，叔肸曾孫，進書，奉
君弔書也，惠伯，孟椒也，孟獻子孫，介，副也，郊，滕之郊也，懿伯即叔肸

也，忌，忌日也，政謂君事，叔父之私，即懿伯之忌，叔肸於孟椒為叔父也，將，行也。

哀公使人弔蕢尚，遇諸道。辟於路，畫宮而受弔焉。曾子曰：「蕢尚不如杞梁之妻之知禮也。齊莊公襲莒於奪，杞梁死焉，其妻迎其柩於路而哭之哀，莊公使人弔之，對曰：『君之臣不免於罪，則將肆諸市朝，而妻妾執；君之臣免於罪，則有先人之敝廬在。君無所辱命。』」

蕢尚，魯人，辟同避，除也，畫宮，畫地為宮也，道非弔所，亦非受弔之所，以苟簡不成禮也，故曾子譏之；齊莊公以下，記者因曾子之言而並記杞梁妻不受弔之事也，事在魯襄公二十三年，奪當作隧，謂狹路，聲之誤也。

孺子䪏之喪，哀公欲設撥，問於有若，有若曰：「其可也，君之三臣猶設之。」顏柳曰：「天子龍輴而椁幬，諸侯輴而設幬，為楡沈故設撥；三臣者廢輴而設撥，竊禮之不中者也，而君何學焉！」

䪏，哀公少子名，撥，以手撥沈而灑於道也，三臣，三家也，輴，殯車，天子畫轅為龍，幬，覆也，殯以椁，覆棺而塗之，所謂菆塗以椁也，諸侯輴不畫龍，但設布幕為幬而已，為楡沈者，以水澆楡白皮之汁以播地，於引輴滑也，廢，去也，既無輴車，則無用撥矣。

悼公之母死，哀公為之齊衰。有若曰：「為妾齊衰，禮與？」公曰：「吾得已乎哉？魯人以妻我。」

悼公母，哀公之妾，禮，大夫為貴妾緦，君無服也，有若譏而問之，公復以妻我為詞，則重服變妾，而又飾非文過矣。

季子皋葬其妻，犯人之禾，申祥以告曰：「請庚之。」子皋曰：「孟氏不以是罪予，朋友不以是棄予，以吾為邑長於斯也。買道而葬，後難繼也。」

季子皋，孔子弟子高柴也，季，行，皋本作羔，通用，葬妻時為孟氏成邑宰，犯，躐也，申祥，子張子，庚，償也，子羔不買道而葬，不欲違道干譽也，蓋亦途次偶有蹊，躐所犯無多耳，若虐民者藉為口實，則又非矣。

仕而未有祿者：君有饋焉曰獻，使焉曰寡君；違而君薨，弗為服也。

仕未有祿，流寓賓客之臣也，如孔子在衛、孟子在齊時，君皆以客禮待之，故饋曰獻，而不曰賜，使人存問；使者將命稱寡君，《春秋傳》晉荀寅奔齊，陳恒與言稱寡君，當時禮固如此，違，去也，違而君薨，弗為服，則在其

國而君薨為之服矣。

虞而立尸，有几筵。卒哭而諱，生事畢而鬼事始已。既卒哭，宰夫執木鐸以命於宮曰：「舍故而諱新。」自寢門至於庫門。

立尸，漸神之也，禮，虞祭，男男尸，女女尸，小斂奠無席，大斂奠有席無几，必虞而立尸，有筵又有几，以神事之也；諱，避其名也，卒哭而祔於祖，且為之諱，神之也；生事畢，不復祭於殯宮也，殯宮者，死者生時所有事之處也，鬼事始以所祔祖廟，即其新宮也，鬼居於廟，與人異處，所謂祧也；宮，公宮也，多寡依命數，故謂天子六世、諸侯四世以上當遷毀者也，舍既遷，則不諱也，新，新宮也，諱新主之名也，庫門，魯外朝門名。

二名不偏諱，夫子之母名徵在；言在不稱徵，言徵不稱在。

夫子，孔子也，稱，舉也。

軍有憂，則素服哭於庫門之外，赴車不載橐韔。

憂，為敵所敗也，素服縞冠，哭於庫門外，與眾共傷之也，赴車，報敗之車，言赴同其禮於告喪也，橐，甲衣，韔，弓衣，露其弓甲，示欲報之乃已，然亦赴車之志則然耳，為邦即戎，當思大義也。

有焚其先人之室，則三日哭。故曰：「新宮火，亦三日哭。」

曰字疑衍文，新宮災，三日哭，《春秋》文也，在魯成公三年，新宮，初新之宮，本僖公宮，宣公祔廟也

孔子過泰山側，有婦人哭於墓者而哀，夫子式而聽之。使子路問之曰：「子之哭也，壹似重有憂者。」而曰：「然，昔者吾舅死於虎，吾夫又死焉，今吾子又死焉。」夫子曰：「何為不去也？」曰：「無苛政。」夫子曰：「小子識之，苛政猛於虎也。」

怪其哀甚，故式而聽之，壹，決詞，而猶乃也，苛，刻酷也。

魯人有周豐也者，哀公執摯請見之，而曰不可。公曰：「我其已夫！」使人問焉，曰：「有虞氏未施信於民而民信之，夏后氏未施敬於民而民敬之，何施而得斯於民也？」對曰：「墟墓之間，未施哀於民而民哀；社稷宗廟之中，未施敬於民而民敬。殷人作誓而民始畔，周人作會而民始疑。苟無禮義忠信誠慤之心以蒞之，雖固結之，民其不解乎？」

摯，禽摯也，諸侯而用禽摯，降尊就卑，以下賢也，豐曰不可，辭君之屈尊以見卑也；士禮，先生異爵者，請見之則辭，已，止也，辭即已，蓋重違賢

志也；墟，舊居無後之地，會，盟會也，固結，強要之也，解，散也，豐言民之從君，在君之躬行誠信，不在虛詞也，作誓民畔，作會民疑，亦謂殷周之末，不蒞以禮義忠信者，非謂時至殷周乃作誓會而民始畔疑也，然誠慤之心四字，亦嫌複杳，當刪。

喪不慮居，毀不危身。喪不慮居，為無廟也；毀不危身，為無後也。

慮居，謂賣捨宅以奉喪，危身，謂憔悴將滅性。

延陵季子適齊，於其反也，其長子死，葬於嬴博之間。孔子曰：「延陵季子，吳之習於禮者也。」往而觀其葬焉。其坎深不至於泉，其斂以時服。既葬而封，廣輪掩坎，其高可隱也。既封，左袒，右還其封且號者三，曰：「骨肉歸復於土，命也。若魂氣則無不之也，無不之也。」而遂行。孔子曰：「延陵季子之於禮也，其合矣乎！」

季子名札，吳壽夢之季子，封於延陵，適齊，魯昭公二十七年聘於上國時也，嬴、博，齊二邑，深不至泉，人生時居不欲近泉，故死亦當如之，時服，行時所服，不改制也，橫曰廣，直曰輪，隱，憑也；凡禮事左袒，喪事左右皆袒，今季子但左袒者，蓋聊示變吉而已，還，圍繞也，右還蓋亦從凶之意，號以示哀也，人之骨肉，本食土物而生，死則復於土，天之命也，若魂氣則以散而無所不往，不能見其復歸也，再言者慇傷決別之意。

邾婁考公之喪，徐君使容居來弔含，曰：「寡君使容居坐含進侯玉，其使容居以含。」有司曰：「諸侯之來辱敝邑者，易則易，於則於，易於雜者未之有也。」容居對曰：「容居聞之：事君不敢忘其君，亦不敢遺其祖。昔我先君駒王西討濟於河，無所不用斯言也。容居，魯人也，不敢忘其祖。」

考公，隱公益之曾孫，考或為定；含不使賤者，君行則親含，大夫歸含耳，容居欲親含，非也，言侯玉者，時徐僭稱王，自比天子，以邾為諸侯也；易，簡易也，謂臣禮，於，廣大也，謂君禮，雜言容居，欲以臣行君禮也；魯，鈍也，言非詐為僭妄，從先君之故事也。按徐於魯昭公末年已為吳滅，駒王僭號未詳何時，記者但採容居僭說，又不加可否，究不知何所取義。

子思之母死於衛，赴於子思，子思哭於廟。門人至曰：「庶氏之母死，何為哭於孔氏之廟乎？」子思曰：「吾過矣，吾過矣。」遂哭於他室。

子思之母，出母也，又嫁於庶氏，母出，與廟絕。

天子崩，三日祝先服，五日官長服，七日國中男女服，三月天下服。虞人致百祀之木，可以為棺槨者斬之；不至者，廢其祀，刐其人。

祝，喪祝也，官長，大夫士也，國中男女，庶人也，天下服，各服其所當服也，五等：諸侯斬衰，其諸侯之臣接見於天子者繐衰，其餘臣民類當縞素，然其制不可考矣；虞人，掌山澤之官，百祀，圻內甸地之祀也，致木而斬之，令守者各擇其材之可用者斬之，亦須用則已，非悉斬之也，至不致之罪雖大，亦不至廢其祀，且殺其人也，記蓋極言之耳。

齊大饑，黔敖為食於路，以待餓者而食之。有餓者蒙袂輯屨，貿貿然來。黔敖左奉食，右執飲，曰：「嗟！來食。」揚其目而視之，曰：「予唯不食嗟來之食，以至於斯也。」從而謝焉；終不食而死。曾子聞之曰：「微與？其嗟也可去，其謝也可食。」

饑，主歲言餓，主人言蒙，袂，不欲見人也，輯，斂也，斂屨，力憊不能屨也，貿貿，目不明貌，疑當作瞀，聲同假借也，嗟來食，雖閔而呼之，然非敬詞，揚，舉也，從，就也，微，小也，曾子言不敬之事小，滅性之害大也，此與程子言餓死事極小，失節事極大正當參看。

邾婁定公之時，有弒其父者。有司以告，公瞿然失席曰：「是寡人之罪也。」曰：「寡人嘗學斷斯獄矣：臣弒君，凡在官者殺無赦；子弒父，凡在宮者殺無赦。殺其人，壞其室，洿其宮而豬焉。蓋君逾月而後舉爵。」

定公名貜且，文公子，罪言為君失教化也，弒父、弒君皆大逆，且非一人所敢獨為，故凡在官、在宮，皆為亂賊之黨，必殺無赦者也，記者蓋亦本《春秋》之意以為言，故舉凡以包之，與殺僅一人而罪止一人者不同，洿謂掘為深坎，豬，積水歸之，以其地為非人所可居也，踰月舉爵，自貶也。

晉獻文子成室，晉大夫發焉。張老曰：「美哉輪焉！美哉奐焉！歌於斯，哭於斯，聚國族於斯。」文子曰：「武也得歌於斯，哭於斯，聚國族於斯，是全要領以從先大夫於九京也。」北面再拜稽首。君子謂之善頌善禱。

獻文蓋重諡，發，以禮落成之也，輪，高大也，奐，華美也，歌以賓祭言，哭以死喪言，聚國族，燕聚國賓及宗族也，蓋張老譏其奢泰，且防其後復為也；全要領，免刑誅也，九京，晉卿大夫墓地所在，京言其地之高大也，

北面，在堂賓主之禮也，稽首，謝過受諫也，禱，求也，善頌謂張老，善禱謂文子。

仲尼之畜狗死，使子貢埋之，曰：「吾聞之也：敝帷不棄，為埋馬也；敝蓋不棄，為埋狗也。丘也貧，無蓋；於其封也，亦予之席，毋使其首陷焉。」路馬死，埋之以帷。

畜狗，守狗也，陷謂沒於土路，馬，君所乘者，其他狗馬，不能皆以帷，蓋記者因孔子之言而並記之，以見聖人之言所由也。

季孫之母死，哀公弔焉，曾子與子貢弔焉，閽人為君在，弗內也。曾子與子貢入於其廄而修容焉。子貢先入，閽人曰：「鄉者已告矣。」曾子後入，閽人辟之。涉內溜，卿大夫皆辟位，公降一等而揖之。君子言之曰：「盡飾之道，斯其行者遠矣。」

閽人，守門者，修容，更莊飾也，子貢先入，閽人既不敢止，以言下之，故曰鄉者已告矣，辟，古避字，閽人見兩賢相隨，彌益恭，故避之也，公降等揖，禮之也，記者又以君子之言美之極，言容之不可不飾也，然恐非事實，君在後至者，安得入乎？

陽門之介夫死，司城子罕入而哭之哀。晉人之覘宋者，反報於晉侯曰：「陽門之介夫死，而子罕哭之哀，而民說，殆不可伐也。」孔子聞之曰：「善哉覘國乎！《詩》云：『凡民有喪，扶服救之。』雖微晉而已，天下其孰能當之。」

陽門，宋城門名，介夫，甲士也，宋以武公諱，司空為司城，子罕，戴公子樂甫術之後樂喜也，覘，窺伺也，扶服與匍匐同假借，通也，微猶非也，此亦非事實，一介夫死，而哭之哀，是矯情於譽，且何以加於介夫之上乎？又是時晉宋方睦，不當有伐宋事。

魯莊公之喪，既葬，而絰不入庫門。士、大夫既卒哭，麻不入。

諸侯之喪，子絰用葛以葬，大夫、士仍用麻，庫門，外朝門也，麻不入，亦不入庫門也，麻葛不入則即吉矣；莊公末年薨於八月，葬於閔公元年六月，則自薨至葬已十一月，諒無有未葬而先行卒哭祭者，又二年五月吉禘於莊公，是葬既踰時，而即吉又太早也，是時國危君弒，閔公幼弱，凡此皆哀姜慶父淫亂之所為，而吉凶之禮因之遂壞，記者錄變禮之由，然淫逆之人，國之不恤，遑問喪紀之得失乎？

　　孔子之故人曰原壤，其母死，夫子助之沐椁。原壤登木曰：「久矣予之不託於音也。」歌曰：「狸首之斑然，執女手之卷然。」夫子為弗聞也者而過之，從者曰：「子未可以已乎？」夫子曰：「丘聞之：親者毋失其為親也，故者毋失其為故也。」

　　沐，治也，助，為之敦匠事也，木，椁材也，託，寄也，謂叩木以作音，狸首斑然，言椁木之文美似之，女手卷然，言治木使光潤柔滑似之也，弗聞而過，佯不知也，已，去也，原壤之歌不止違禮，責之當絕，不可責也，故以毋失故為言。

　　趙文子與叔譽觀乎九原。文子曰：「死者如可作也，吾誰與歸？」叔譽曰：「其陽處父乎？」文子曰：「行並植於晉國，不沒其身，其知不足稱也。」「其舅犯乎？」文子曰：「見利不顧其君，其仁不足稱也。我則隨武子乎，利其君不忘其身，謀其身不遺其友。」晉人謂文子知人。文子其中退然如不勝衣，其言吶吶然如不出諸其口；所舉於晉國管庫之士七十有餘家，生不交利，死不屬其子焉。

　　叔譽未詳，或云即叔向也，作，起也，陽處父，襄公太傅，並猶專也，並則不知有與以分人，植則不知致曲以盡物，以至不終其身，故曰智不足稱；隨武子，士會也，隨其食邑，中身也，《鄉射記》弓二寸以為侯，中退，柔和貌，吶吶，不善言貌，管庫之士，府史以下，官長所置也，舉，舉之於君，以為士大夫也，管，鎖也，庫，物所藏，生不交利，廉也，死不屬子，潔也，記者詳文子之事，以深美之，然文子柄政八年，而晉伯日衰，公室日卑，徒為虛譽，以自封殖，未見其為良相也。

　　叔仲皮學子柳。叔仲皮死，其妻魯人也，衣衰而繆絰。叔仲衍以告，請繐衰而環絰，曰：「昔者吾喪姑姊妹亦如斯，末吾禁也。」退，使其妻繐衰而環絰。

　　叔仲皮，魯叔孫族彭生子也，學，教也，子柳，皮之子，妻，子柳妻也，魯，鈍也，衣當作齊，繆當作繆，傳書誤也，齊衰、繆絰，士妻為舅姑之服，繆絰，絞麻為絰也；衍，皮之弟，告，告子柳也，繐衰，小功之縷，四升半之衰，環絰，弔服之絰也，吾喪姑姊妹，言吾令姑姊妹服舅姑之喪也，末，無也，子柳得衍昔者之言，乃即退，使其妻身服繐衰、首服環絰也，此言時人習服輕細，而不知其非禮也。

　　成人有其兄死而不為衰者，聞子皋將為成宰，遂為衰。成人曰：「蠶

則績而蟹有匡，范則冠而蟬有緌，兄則死而子皋為之衰。」

成，孟孫邑，子皋，高柴也，范，蜂也，蟬，蜩也，緌謂蜩喙長在腹下，蠶績絲作繭，蟹背殼似匡，蜂頭有物似冠，蟬喙似冠之緌，以是合譬也，言蠶須匡以貯繭，而今無匡，匡自著蟹，則匡非為蠶設，蜂冠無緌，而蟬口有緌，緌自著蟬，則緌非為蜂設，譬成人兄死不為衰，以子皋為宰而為衰，本非為兄也，然亦足以見子皋孝行，可以感不弟之人矣。

樂正子春之母死，五日而不食。曰：「吾悔之，自吾母而不得吾情，吾惡乎用吾情！」

子春，曾子弟子，情，實也，勉強過禮，嫌於為名，故悔之。

歲旱，穆公召縣子而問然，曰：「天久不雨，吾欲暴尪而奚若？」曰：「天久不雨，而暴人之疾子，虐，毋乃不可與！」「然則吾欲暴巫而奚若？」曰：「天則不雨，而望之愚婦人，于以求之，毋乃已疏乎！」「徙市則奚若？」曰：「天子崩，巷市七日；諸侯薨，巷市三日。為之徙市，不亦可乎！」

問然，問其所以然也，尪，瘠病之人，面向天暴之覬，天哀之而雨也，疾子猶言病人虐酷也，巫主接神，暴之亦覬，天哀之而雨也，已，甚也，疏猶遠也，徙市，視憂戚也，慮旱為患，憂之若遭喪，然禮天子、諸侯之喪，庶人憂戚，為之罷市，有必需者，但於邑里巷中市之也，蓋市為陰事，雨，陰中之陽也，徙市以助陰中之陽，與《周官》皇舞女巫同意。

孔子曰：「衛人之祔也，離之；魯人之祔也，合之，善夫！」

祔，合葬也，與周公蓋祔之祔同，離，謂以一物間二棺於槨中也，蓋同槨而中離，本古制也，善，善魯也，祔葬當合。

禮記卷五　王制

　　《漢書・郊祀志》言文帝使博士諸生刺六經中作《王制》，蓋言王者治天下，大制當如是也，其實雜取博記，兼參臆說，本非一代之制，不可盡據為憑。

　　王者之制祿爵，公侯伯子男，凡五等。諸侯之上大夫卿，下大夫，上士中士下士，凡五等。天子之田方千里，公侯田方百里，伯七十里，子男五十里。不能五十里者，不合於天子，附於諸侯曰附庸。天子之三公之田視公侯，天子之卿視伯，天子之大夫視子男，天子之元士視附庸。制：農田百畝。百畝之分：上農夫食九人，其次食八人，其次食七人，其次食六人；下農夫食五人。庶人在官者，其祿以是為差也。諸侯之下士視上農夫，祿足以代其耕也。中上倍下士，上士倍中士，下大夫倍上士；卿，四大夫祿；君，十卿祿。次國之卿，三大夫祿；君，十卿祿。小國之卿，倍大夫祿，君十卿祿。

　　上大夫卿者，上大夫即卿也，合，會也，猶達也，元士，上士也，分，《孟子》作糞，糞以治地言，分以授地言，此採孟子文而又稍改易之，蓋爵祿之制詳於《周官》，而文帝時《周官》未出，諸書莫言，惟《孟子》略言之，故諸博士據以為說也，然《孟子》已自言其詳不可得聞，則其所言固不如性與仁義之確有所授，而後儒猶欲合《周官》《孟子》《王制》三者，而覈其同異，以歸於一，其可得乎？周以前之制，無書可考，若周制之可考者，已詳《周官》指掌，茲不具載。

　　次國之上卿，位當大國之中，中當其下，下當其上大夫。小國之上卿，位當大國之下卿，中當其上大夫，下當其下大夫。

此採《左傳・成公三年》文本，春秋時列國僭制，不足為憑，又與上「諸侯之上大夫卿」「下大夫」句自相背戾，可知諸博士一時採刺成篇，其文義亦未細核也，此下二節錯簡，當在「天子使其大夫為三監」之上，而此又當在下節之下。

其有中士、下士者，數各居其上之三分。

有本對無，為言中士、下士、天子、諸侯既皆有之，則有者二字無著當刪，上，上士也，數各居三分，謂各加三倍，如上士一，則中士三、下士九也。

凡四海之內九州島島島島，州方千里。州，建百里之國三十，七十里之國六十，五十里之國百有二十，凡二百一十國；名山大澤不以封，其余以為附庸閒田。八州，州二百一十國。

百里、七十里、五十里皆以開方言也，此統天下而言，以為外八州之建國可以如此，其實皆諸博士臆說，不能如制也，蓋附庸雖不成國，然既封之，亦須有方若干里，而一州千里，除三等之國二百一十如數而計，餘地不過方里者十萬六百耳，不知封附庸果若干國，又有閒田，況名山大澤於方千里內，其所綿互，動有數十百里，又不以封，尚能建如許國乎？

天子之縣內，方百里之國九，七十里之國二十有一，五十里之國六十有三，凡九十三國；名山大澤不以晢，其餘以祿士，以為閒田。

周制：遂甸皆有縣小都，又名縣地，則王圻之內或有縣內之名，秦廢封建，天下皆設郡縣，至漢稱帝，為縣官，蓋縣內之名猶之圻內，諸博士據當時所稱而立言也，縣內三等國數，蓋亦以意約之耳，肦同班，分賜也，以祿士，蓋亦謂為元士采邑也。

凡九州，千七百七十三國。天子之元士、諸侯之附庸不與。

此總上內外國數也，不與者，不在數中，以不成國也，《尚書大傳》云天下諸侯來進，受命於周者千七百七十三諸侯，蓋此九州島島島國數定名所本也，至縣內九十三，八州共六百八十，分為百里、七十里、五十里之制，則又牽合《孟子》而強相配搭，以成此數耳，《大傳》之意亦未必然也。

天子百里之內以共官，千里之內以為御。

官蓋謂官府之屬，御謂天子一身及後世子等之所用也，共官為御，皆無確說，若公費止以百里，內共之勢必不足御，物至極之千里之內，豈非太侈？《周官》九賦、九式必以何項待何用，即漢時大農、少府，公私之辨亦且劃

然，諸博士胸無成見，雖知國用有公私，而不能質言之，故為是約舉之詞，而不知其不容混也，以此見立言數典，皆當有物否，即貌為之說，其將能乎？

　　千里之外，設方伯。五國以為屬，屬有長。十國以為連，連有帥。三十國以為卒，卒有正。二百一十國以為州，州有伯。八州八伯，五十六正，百六十八帥，三百三十六長。八伯各以其屬，屬於天子之老二人，分天下以為左右，曰二伯。

　　上文言爵既分公侯伯子男，而此又有伯正、連帥，並二伯，似亦為五等；上文言地既分公侯百里、伯七十里、子男五十里，又言每州封國百里者三十、七十里者六十、五十里者百二十，而此又分五國、十國、三十國為屬、連、卒，獨不詳每州自公至男當各若干國，又不詳自伯至長，於公侯伯子當分如何兼攝，若細為配合，則似參差繆戾，未盡可通，又勿論其與古制合否，蓋諸博士當時亦止隨文立說，無暇較核也；至八伯之名，雖本《尚書大傳》，然唐虞天下分十二州，有十二牧，夏分九州島島島，有九牧，周分九州島島島亦為九牧，蓋州以山川為限，其地大小不等，若封國以地，非以州為限也，此制地分九州島島島，而以王圻千里，廢一州牧，乃是臆說，終不能牽經合傳，就其補湊也，若左右二伯，則本周召分陝之二伯也。

　　千里之內曰甸，千里之外，曰采、曰流。

　　此本《禹貢》五服言也，千里之內曰甸，即《禹貢》甸服面五百里也，其外曰采、曰流，即《禹貢》侯服百里采、至荒服二百流也，已極四海矣。

　　天子：三公，九卿，二十七大夫，八十一元士。

　　此採《尚書大傳》文，《周官》三百六十，以六官之職言之耳，其實即今所存五官，其下大夫已八十餘人，上士已二百餘人，若謂王官治天下，合公卿、大夫、元士止百二十人而已足共職，則不特後世官數為太煩，即周公設官亦太多矣，諸博士寒陋之見，殆乃不堪噴飯。

　　大國：三卿；皆命於天子；下大夫五人，上士二十七人。次國：三卿；二卿命於天子，一卿命於其君；下大夫五人，上士二十七人。小國：二卿；皆命於其君；下大夫五人，上士二十七人。

　　《周官》有典命大國，次國之士、小國之大夫皆一命，皆命於天子者也，豈有諸侯之卿，可其君專命，不由天子乎？至卿、大夫、士之人數，皆當因其國之大小與其爵命之數為差，若國有大小，而官之多少無甚差別，非大國多廢

事，即小國多冗員矣。

天子使其大夫為三監，監於方伯之國，國三人。

周制建牧立監，牧為州長，監即三侯國也，諸博士聞周有三監而未核，直以為大夫，誤矣，三監雖或兼王官大夫，實皆外侯國也。

天子之縣內諸侯，祿也；外諸侯，嗣也。

祿，食其國之祿也，縣內之諸侯，其國雖與外諸侯等，然止生食其祿如食采邑，然沒則子不能世也，嗣，世也，世為諸侯也，然外諸侯嗣子，於三年喪畢，始以士服入見天子，受命乃得歸君其國，則猶不敢專嗣也。

制：三公，一命卷；若有加，則賜也。不過九命。次國之君，不過七命；小國之君，不過五命。

制，王制也，特言制，蓋鄭重之詞，卷，古袞字，袞，冕服也；「一」字混周制內三公八命，外三公固九命作伯矣，此言三公一命，當是八命又加一命，謂內三公也，然下對次國之君，則三公又似大國之君，豈或以「一」「有」皆訓，以別內三公止八命，有不袞者耶？至此本以公侯百里為大國，伯七十里為次國，今上止言三公，下又言次國，則所謂君不過七命者，將兼言侯耶？抑止言伯耶？蓋此節所言命數，又似本周制公九命、侯伯七命為言，隨文立說，故又不免與公侯百里、伯七十里相戾也；賜，蓋謂好賜有加，則賜句又似與上下文不貫，豈好賜獨除賜命言乎？《春秋》成八年有賜命矣。

大國之卿，不過三命；下卿再命，小國之卿與下大夫一命。

上言上大夫卿、下大夫，則此下卿為多出，上言大、次二國皆有上中下三卿，則此又少中卿，至所謂命者，必以命於天子為貴也，若內而官府，外而諸侯所自辟除皆可言命，則夫人可專命矣，即自一命至九命，命數雖多，曷足貴乎？上言命於其君，於命字文義雖混，猶可云君自辟除也，若此所云一命，不知其王命、君命矣，大都此書隨文立說，致自為矛盾，是其一弊，而又不得周室爵祿之詳，且惑於春秋以來僭亂之制，故所言多枝駁耳。

凡官民材，必先論之。論辨然後使之，任事然後爵之，位定然後祿之。

官，使之為官也，凡自下士以上，民材，民之有材者，論，公論也，論辨者，材有不同，別其所能也，能其事而使之，始能任其事也，任事後爵，猶後世先試看也，爵之則位定矣，位定乃食其實祿也，祿之謂其爵所當得之祿。

爵人於朝，與士共之。刑人於市，與眾棄之。

士，士民也，謂六鄉之士，外朝，六鄉之民所集，市亦眾聚處，言眾，則不必皆士矣。

是故公家不畜刑人，大夫弗養，士遇之塗弗與言也；屏之四方，唯其所之，不及以政，亦弗故生也。

此節不成文理，人之有罪，固其自取，然苟可不至於死，聖王未嘗不欲其生，故守門、守闥、守內、守囿，有可以生之者，未嘗不畜不養也，其有罷敝不悛，無可奈何而屏之四方者，亦必五宅三居，使有定所，豈有唯其所之者乎？故《家語》作欲示不欲生，尤屬非是，其所以或刑或屏，而不遽殺者，正冀其改過遷善於萬一，亦尚欲生之也，「故」字費解。

諸侯之於天子也，比年一小聘，三年一大聘，五年一朝。

比年，每歲也，小聘，時聘也，大聘，殷俯也，此採《左傳》說，故雜《春秋》伯制五年一朝，又本《尚書》五載一巡守，纍後四朝為言。

天子五年一巡守：歲二月，東巡守至於岱宗，柴而望祀山川；覲諸侯；問百年者就見之。命大師陳詩以觀民風，命市納賈以觀民之所好惡，志淫好辟。命典禮考時月，定日，同律，禮樂制度衣服正之。山川神祇，有不舉者，為不敬；不敬者，君削以地。宗廟，有不順者為不孝；不孝者，君絀以爵。變禮易樂者，為不從；不從者，君流。革制度衣服者，為畔；畔者，君討。有功德於民者，加地進律。五月，南巡守至於南嶽，如東巡守之禮。八月，西巡守至於西嶽，如南巡守之禮。十有一月，北巡守至於北嶽，如西巡守之禮。歸，假於祖禰，用特。

此採《尚書‧堯典》及《伏生大傳》文，而稍參雜增改之也，就見，屈己以尊之也，詩，《風》詩也，市，司市也，賈，物貴賤之價，質則用物貴，淫則侈物貴，故可以觀好惡也，志淫好辟者，其國人志在於淫，則所好不正也，典禮，主禮之官，謂大史氏，然《周官‧史氏》掌天文，屬禮官，堯舜之時則天文主於羲和，典禮者掌神示不相統也，同律，同十二律也，舉，舉祭也，不順，若魯躋僖公之類，律，法也，進律謂循法，加，賞也，祖禰，自始祖至禰也。

天子將出，類乎上帝，宜乎社，造乎禰。諸侯將出，宜乎社，造乎禰。

出謂巡守、會同、朝覲也，類、宜、造皆祭名，蓋類小於旅，或不以人帝

配，出則社主與遷主皆載以行也，此禰兼祖，而言詞從其卑，不嫌不造祖也；詳言天子、諸侯，所以明尊卑之別。

天子無事與諸侯相見曰朝，考禮正刑一德，以尊於天子。

事謂戎喪之事，考，校禮儀，正，定刑法，專一道德，凡以尊崇天子而天下安寧也，此採《穀梁傳》文，而又增改遷就，以成其說也。

天子賜諸侯樂，則以柷將之，賜伯、子、男樂，則以鞀將之。

唐虞之時，八音已徧海內，賜樂蓋當代之樂，侯等所無者，柷將、鞀將，聊以示尊卑之別，非謂有鞀無柷也。

諸侯，賜弓矢然後征，賜鈇鉞然後殺，賜圭瓚然後為鬯。未賜圭瓚，則資鬯於天子。

此採《尚書大傳》文，然土無二王，非有如魯之夷戎並興，則雖岳牧之內，鄰國有侵敗王略者，猶當先之以文告之詞，不得已而請命於天子，未可專征也；非有如齊之無知、衛之州吁之篡弒，則雖國內之臣有罪者，猶當請命於朝，必待報可，未得專殺也，蓋弓矢鈇鉞亦以榮有功之人，豈謂使之自專乎？至圭瓚之賜，乃即以灌禮，禮諸侯之典，且圭瓚惟天子得用之，若上公用龍、侯用瓚、伯用璋，皆璋瓚也；禮所當有不煩特賜，即天子賜以圭瓚，諸侯其敢用之以祭也，此皆伏生以來諸儒之謬說。

天子命之教然後為學。小學在公宮南之左，大學在郊。天子曰辟雍，諸侯曰頖宮。

「命之教然後學」句不詞，四民莫不有學，而士以賢能賓興，分職任官，尤不可以無教，若必待天子之命然後為之，將天子不命即不為乎？小學，師氏所掌，在路門外，公宮即路寢之宮，宮南之左，於天子為虎門之左也；大學，大司樂所掌，在中城外之北近北郭，云在郊，非也，郊即遂地，在郭外矣，大學即國學，當在國中，無在郊之理，且下文言鄉學不變，移之郊，豈移之國學乎？辟，明也，雍，和也，言禮明樂和，因以為名也，一曰辟古璧字，雍古廱字，皆通用，國學之前有澤宮，為習射之所，廱土作澤，其形如璧，因以名也，頖與泮同半也，形如半璧，半天子辟雍形也，辟雍、頖宮名見《雅》《頌》，故採以為言。

天子將出征，類乎上帝，宜乎社，造乎禰，禡於所征之地。受命於祖，受成於學。出征，執有罪；反，釋奠於學，以訊馘告。

禡與貉同師祭名，受命於祖，以遷廟主行，用命賞於祖也，成，成謀也，受成於學，見以文德行之，非耀武也，釋奠於學，奠爵於先師、先聖也，釋，置也，舍也，訊，生執可訊問之俘，馘，死而割左耳者，告，告成功也。

天子、諸侯無事則歲三田：一為乾豆，二為賓客，三為充君之庖。無事而不田，曰不敬；田不以禮，曰暴天物。

三田，田有三處也，禮，春蒐、夏苗、秋獮、冬狩，國無喪戎之事，則四時皆有常田，於平原、於山、於澤，若時漁在川，則又與田異名也；乾，籩實，豆，豆實，祭祀所用，取上殺，賓客，亦乾豆之共賓客者，取中殺，君庖取下殺，此即易之三品，《詩》毛傳及《春秋》公羊、穀梁傳皆有之，不田則廢禮，田不以禮，必至多殺矣。

天子不合圍，諸侯不掩群。天子殺則下大綏，諸侯殺則下小綏，大夫殺則止佐車。佐車止，則百姓田獵。

此言田以禮也，合圍、掩羣則不以禮矣，此與《曲禮》言諸侯大夫同，記偶異詞也，蓋合、掩大指亦止，俱言不為暴耳；綏，綏章也，染鳥羽或旄牛尾，注於旗竿之首，為表章者，《詩》傳曰「天子發抗大綏，諸侯發抗小綏，抗，舉也，正發矢時，綏舉而不下」，此正與相發明也；佐車，驅逆之車，止，不殺也，百姓，謂士以下，獵，捷取也，田獵，於田中有獲即取也，《詩》傳曰「天子發，然後諸侯發，諸侯發，然後大夫、士發」，此亦正取其意。

獺祭魚，然後虞人入澤梁。豺祭獸，然後田獵。鳩化為鷹，然後設罻羅。草木零落，然後入山林。昆蟲未蟄，不以火田，不麛，不卵，不殺胎，不殀夭，不覆巢。

此又承上極言之，梁，絕水取魚者，罻，小網也，昆，明也，明蟲者，得陽而生，得陰而藏，麛、卵、胎、夭俱未成物，故重傷之，殀，斷殺也，少長曰夭，獺祭，魚在十月，豺祭，獸在九月，鳩化鷹在八月。

冢宰制國用，必於歲之杪，五穀皆入然後制國用。用地小大，視年之豐耗。以三十年之通制國用，量入以為出，祭用數之仂。喪，三年不祭，唯祭天地社稷為越紼而行事。喪用三年之仂。喪祭，用不足曰暴，有餘曰浩。祭，豐年不奢，凶年不儉。

制國用，即《周官・冢宰》以九式均節財用也，其屬有司會、司書諸職，杪，末也，歲末穀盡入而制國用，制一年之所當用也，以地小大兼年豐耗，制

國用則又統天下及三十年之通，以定其所當用也，量，酌量也，量入為出，非謂盡所入為出也，三十年之通，無大凶、荒、喪、戎之事，必有十年之蓄，如下文所云也，仍，餘也，蓋謂什一也，數之仍，一年用數之十一也，祭為國之大事，故尤費也，喪禮凶，祭禮吉，吉凶不相于，故三年之喪，三年不祭也，天地者，天下之所同社稷者，一國之所仰，越，踰也，紼，輴車索也，事，祭事也，君父之喪，臣子之私也，不敢以臣子之私廢天下一國之公，故越紼而行也，天子諸侯皆以攝政者攝祭，祭罷仍反喪服，三年之仍，喪費大也，暴猶耗也，浩猶饒也，踰禮而財不足，必至於暴，然太節嗇而徒餘於財，亦非禮也，故當不奢不儉，但祭以事神而尤嚴，並不為豐凶變耳。

國無九年之蓄曰不足，無六年之蓄曰急，無三年之蓄曰國非其國也。三年耕，必有一年之食；九年耕，必有三年之食。以三十年之通，雖有凶旱水溢，民無菜色，然後天子食，日舉以樂。

此亦採《春秋》傳文，國非其國，民將流散也，菜色，食菜之色，言無穀食而有饑色也，舉，特殺而舉祭也，以樂，奏樂侑食也。

天子七日而殯，七月而葬。諸侯五日而殯，五月而葬。大夫、士、庶人，三日而殯，三月而葬。三年之喪，自天子達。

此亦採傳文，《左傳》言士踰月者，除死月而言。

庶人縣封，葬不為雨止，不封不樹，喪不貳事，自天子達於庶人。

縣封之封當為窆，縣棺而下也，不為雨止，有進無退也，此不止庶人，觀《春秋》兩雨不克葬，皆為貶詞，可見然，甚雨不能葬，亦有不得不止之勢耳，不封不樹，早無飾也，封，積土為墳之丈尺也，樹，若松柏之屬，貳，二也，貳事若居喪、從政之類，此上下達者也。

喪從死者，祭從生者。

此即《中庸》父為大夫，子為士，葬以大夫，祭以士；父為士，子為大夫，葬以士，祭以大夫之意，從，從其爵命之禮也。

支子不祭。

已見《曲禮》下。

天子七廟，三昭三穆，與太祖之廟而七。諸侯五廟，二昭二穆，與太祖之廟而五。大夫三廟，一昭一穆，與太祖之廟而三。士一廟。庶人祭於寢。

此亦採《穀梁》傳文，而增三昭三穆、二昭二穆，則不詞矣。天子世天下，諸侯世國，豈必世世父死子繼乎？如周之共、懿、孝、夷，則孝王為共王弟，夷王為懿王子，又如平、桓、匡、定，則桓王為平王孫，定王為匡王弟，且如齊之孝、昭、懿、惠四侯，皆為桓公之子，又如魯之世系，多一生一及，不知其昭穆皆如何位置也；蓋君道本係天下一國臣民之公義，當以嗣位之世次為斷，不論昭穆也。若大夫止立宗，乃專上祀父祖及大祖耳，其大祖亦必始為大夫，故立廟世祀也；士為宗子，當有二廟，一大祖、一禰也，寢，適寢也，庶人為宗子，亦當有大祖廟，祭以士禮，惟非宗子，乃止薦禰於寢耳，程子曰庶人之祭亦當以親盡為斷，蓋未是，庶人之力，本多不能殺牲以祭，記言祭寢，亦止古所謂薦，乃混舉之詞，尊禰、尊祖之說，詳於喪服，禮不下庶人，本有難與深言者，能知有事父事母之別，則孝道已敦，不暇為之詳推祖以上之禮矣。

天子、諸侯宗廟之祭：春曰礿，夏曰禘，秋曰嘗，冬曰烝。

春祠、夏礿、秋嘗、冬烝，本周制也，諸博士未見《周官》而《小雅·天保》詩固所素習，此乃以礿為春祭，禘為夏祭者，蓋以詩詞礿居首，故定為春，豔禘之名而未解祠之義，故以禘易祠而居夏，至秋嘗、冬烝則《春秋》經傳有明文，可不惑也，然而誤矣。

天子祭天地，諸侯祭社稷，大夫祭五祀。

已見《曲禮》下，文亦大同，有詳略耳。

天子祭天下名山大川：五嶽視三公，四瀆視諸侯。諸侯祭名山大川之在其地者。

此採《尚書大傳》文，視公侯者，牲器之異，別尊卑也，餘詳《曲禮》下。

天子諸侯祭因國之在其地而無主後者。

因國，如《左傳》言齊昔爽鳩氏始居此地，而季萴因之，有逢伯陵因之，蒲姑氏因之，而後大公因之也，無主後，其國既滅，無後人為祭主也。

天子犆礿，祫禘，祫嘗，祫烝。諸侯礿則不禘，禘則不嘗，嘗則不烝，烝則不礿。諸侯礿，犆；禘，一犆一祫；嘗，祫；烝，祫。

犆同特，猶專也，祫，合也，諸博士亦略知祭禮有春夏特祭、秋冬合祭之制而未盡詳，故約為此文，本臆說也，然其所謂禘，實因春秋時祭僭用禘名者，為言非不王不禘之禘也，其所謂祫，亦指時祫而言，非喪畢合食及毀廟之祫也，

四時有缺祭之說，亦非。

天子社稷皆大牢，諸侯社稷皆少牢。大夫、士宗廟之祭，有田則祭，無田則薦。庶人春薦韭，夏薦麥，秋薦黍，冬薦稻。韭以卵，麥以魚，黍以豚，稻以雁。

牛、羊、豕為大牢，羊、豕為少牢，祭必特殺，薦則薦新而已，無尸不出主，無大牲奠而已，亦無常時，田，食邑也，卵，雞卵也。

祭天地之牛，角繭栗；宗廟之牛，角握；賓客之牛，角尺。諸侯無故不殺牛，大夫無故不殺羊，士無故不殺犬豕，庶人無故不食珍。庶羞不逾牲，燕衣不逾祭服，寢不逾廟。

繭栗、握、尺，參採《國語》文，故謂賓祭珍、稻、梁也，庶羞，八珍也，見《內則》，踰牲，牲體少而羞多品。

古者：公田，藉而不稅。市，廛而不稅。關，譏而不征。林麓川澤，以時入而不禁。夫圭田無征。

此採《孟子》文，古者謂周之盛時，公田即井中公田也，藉即助者藉也之藉，夫謂余夫，夫圭田，即餘夫二十五畝、圭田五十畝也，無徵則作者想當然耳，未必本《周官》加田無國征也，《孟子》於井田亦止得大略，市闗、山林諸說皆然，俱未可取以為據，諸博士剌其說，亦未能詳所以然。

用民之力，歲不過三日。

周制，力徵有公旬，豐年用三日，中年用二日，無年用一日，凶札乃免是也。

田里不粥，墓地不請。

田野所耕，里邑所居，粥，賣也，田里皆受於公，民不得以私授受也，請，求也，墓地，掌於墓大夫，族葬有常，不得請求他處也，商鞅決裂阡陌，田里、墓地民得私有，故云。

司空執度，度地居民，山川沮澤，時四時，量地遠近。

司空掌事主居民者，度，丈尺也，度地居民，即《周官》之以室數制邑也，沮謂萊沛，水艸所生處，山川沮澤，謂民居所近，以觀燥濕也，時四時，因所居而候寒暖，辨物宜也，遠近謂名山大川，為九州島島島大界及都邑所至之遠近也，天時地利既審，民居乃安定也。

興事任力。凡使民：任老者之事，食壯者之食。

事亦民事，凡城禁、溝洫以及公事皆是，力即力役也，故又以凡使民統言之，寬真力、饒其食，使民之道也。

凡居民材，必因天地寒暖燥濕，廣谷大川異制。民生其間者異俗：剛柔輕重遲速異齊，五味異和，器械異制，衣服異宜。修其教，不易其俗；齊其政，不易其宜。

材如木材之材，作者之意蓋兼人材，與人所需用物材總之而言，似欠清晰，故凡居民材云者，謂凡居其地之民之材也，川谷之制，地形也，俗，眾所同者，齊，性情也，和，以所嗜言，異制異宜，各有所便利也，修之、齊之，輔相裁成之道。

中國戎夷，五方之民，皆有其性也，不可推移。

此承上言所以不易之故，由於地氣使然也，下乃更詳言之。

東方曰夷，被髮文身，有不火食者矣。南方曰蠻，雕題交趾，有不火食者矣。西方曰戎，被髮衣皮，有不粒食者矣。北方曰狄，衣羽毛穴居，有不粒食者矣。中國、夷、蠻、戎、狄，皆有安居、和味、宜服、利用、備器，五方之民，言語不通，嗜欲不同。達其志，通其欲：東方曰寄，南方曰象，西方曰狄鞮，北方曰譯。

文、雕皆謂刻其肌，以丹青湼之，題，額也，交趾，足相向，如浴則同川，臥則僢也，不火食，地氣暖，不為病也，不粒食，地氣寒，少五穀也，寄，傳寄也，象，放象也，鞮之言知也，通之使相知也，一曰鞮，屨名，《周官》有鞮鞻氏，譯，陳說也，此通傳四方言語之官，即周之象胥也。

凡居民，量地以制邑，度地以居民。地、邑、民、居，必參相得也。無曠土，無游民，食節事時，民咸安其居，樂事勸功，尊君親上，然後興學。

參者以地廣狹與民多少相湊而營邑也，然後興學，亦富而後教之意。

司徒修六禮以節民性，明七教以興民德，齊八政以防淫，一道德以同俗，養耆老以致孝，恤孤獨以逮不足，上賢以崇德，簡不肖以絀惡。

司徒主教民者，六禮、七教、八政俱詳篇末，道，人所共由，德，人所同得，故當一也，簡，差擇也。

命鄉，簡不帥教者以告。耆老皆朝於庠，元日，習射上功，習鄉上齒，大司徒帥國之俊士與執事焉。不變，命國之右鄉，簡不帥教者移之

左；命國之左鄉，簡不帥教者移之右，如初禮。不變，移之郊，如初禮。不變，移之遂，如初禮。不變，屏之遠方，終身不齒。

鄉，鄉大夫以下，各帥其屬也，不帥教者，即惰遊之士，《周官》所謂罷民也者，老，鄉中之致仕公卿大夫士也，朝猶會也，庠，鄉學也，元日，月朔也，射，鄉射也，上功，以中為雋也，鄉，鄉飲酒也，上齒，序齒也，俊士，鄉之賢能與賓興者與執事與鄉射、鄉飲之禮也，欲紬惡，先崇德，使之觀感自化也，不變，不改過也，移左、移右，天子有六鄉，使之離其本鄉，則有遠屏之漸也，初禮即元日習射、習鄉之禮也，屏，逐也，齒猶錄也；周制，鄉以外為遂，遂即郊邑也，遂以內為近郊，遂以外為遠郊，皆田野務農之地，非可久居者，移之遂，已不使列於士民矣，屏之遠方，則流蔡之矣，移郊乃諸博士不詳之言，不可從，又周制罷民有二，一以肺石平之，其罪輕，一以圜土收之，其罪重，皆無移屏之事，此蓋指其輕者而言，然其所謂不變者，究未質言，不帥教為何等事，或古者待士民加重，不忍輕絕於罷民二種之外，又增移屏之制，亦未可知。

命鄉，論秀士，升之司徒，曰選士。司徒論選士之秀者而升之學，曰俊士。陞於司徒者，不征於鄉；陞於學者，不征於司徒，曰造士。

論如官民材先論之論，秀士即賓興之士，升之司徒者，移賓興之士籍於司徒府也，選士即為閭胥以上等士，所謂出使長之也，選士之秀則賓興中之尤異者矣，學，國學也，升之國學，則又移其籍於國學為學士矣，俊士者已入國學，即為王朝之士，從大子國子等遊，不復為六鄉地治之官也，不征即不給役，《周官》云舍是也，征於鄉者，民之役也，征於司徒者，雖為閭胥族師，猶役於司徒，是六鄉官長之役也，至自學而升之司馬，則為王朝之官，所謂入使治之也，此等處可補《周官》所未詳。

樂正崇四術，立四教，順先王詩書禮樂以造士。春、秋教以禮樂，冬、夏教以詩書。王大子、王子、群后之大子、卿大夫元士之適子、國之俊選，皆造焉。凡入學以齒。

樂正，樂官之長，即《周官》大司樂也，術，道也，周制，鄉三物：賓興、賢能、鄉學之事也，若國學則大司樂以樂德、樂語、樂舞教國子，樂師教以小舞、樂儀而已，又三德、三行教於師氏，六藝、六儀教於保氏，六詩教於大師，則亦所教不在國學也，蓋四術之教，始於孔氏刪《詩》《書》、定《禮》《樂》，以私淑其門人，謂後人以孔子為先聖先師，因即尊其教以教士則可，若謂先王

有此四術、四教則非也，造，就也、成也，以齒，不以父爵為貴賤也，故古之天子雖至尊，亦必有故舊朋友也。

將出學，小胥、大胥、小樂正簡不帥教者以告於大樂正。大樂正以告於王。王命三公、九卿、大夫、元士皆入學。不變，王親視學。不變，王三日不舉，屏之遠方。西方曰棘，東方曰寄，終身不齒。

出學即升造士之秀者於司馬也，小樂正即樂師，與二胥皆樂官之屬，皆入學亦謂習射以化之，不變則王又親為臨視，重棄學士也，此不帥教兼國子、餘子及俊士言，舉，舉食也，棘，急也，猶望其速改也，寄，寓也，猶冀其早歸也，不於南北，其地太遠也，不齒，賤之也，亦言終身者，蓋屏之有年限，仍許之歸，而又終身不齒，以絕之也。

大樂正論造士之秀者以告於王，而升諸司馬，曰進士。司馬辯論官材，論進士之賢者以告於王，而定其論。論定然後官之，任官然後爵之，位定然後祿之。

司馬掌政主官人者，升諸司馬，移名籍於司馬也，進士，可進受爵祿也，辯論，辨樂正之所論也，官材，官之各以其材所長也，論定，各署所長也，任官，使之試守也，爵如為大夫士，位定，已在位也，祿，與食邑也；周制，射人主大夫，司士主士，庶子主諸子，則此樂正所論，蓋皆諸臣之庶子及鄉之俊士而已，其國子之為學士者，或世官與否，蓋王親斷之歟？

大夫廢其事，終身不仕，死以士禮葬之。

廢其事，不任大夫也，猶以士禮葬，異於庶人，君恩之厚也。

有發，則命大司徒教士以車甲。

發謂軍師田役，命字衍文，不衍則不詞矣，士，六鄉士民也，有事則大司徒以旗致之，以車甲非也，車甲乃貴者所用，且司馬所掌，與司徒無涉。

凡執技論力，適四方，贏股肱，決射御。凡執技以事上者：祝史、射御、醫卜及百工。凡執技以事上者：不貳事，不移官，出鄉不與士齒。仕於家者，出鄉不與士齒。

技，賤薄之技，適、贏、決三者皆以力見者也，自祝至工，七者詳執技之色目，不貳事、不移官，欲專一也，齒，於本鄉親親也，不與士齒，賤技而貴德也，仕於家，則為僕亦賤也。

司寇正刑明辟以聽獄訟。必三刺。有旨無簡不聽。附從輕，赦從重。

司寇，刑官之長，辟，法也，正刑明辟者，正刑罰之用，必先明定刑罰之法也，必三刺，不敢專斷也，《周官·司刺》一曰訊羣臣，二曰訊羣吏，三曰訊萬民是也，旨，意也，簡，牘也，如今狀詞，不聽，不可成也，有旨無簡，如叫冤無呈狀也，附，施刑也。

凡制五刑，必即天論。郵罰麗於事。

制，斷也，即，就也，論，議也，或作倫，理也，言斷刑者必即天之理而為之論斷也，郵，尤也、過也，郵罰輕於刑，舉輕以見重也，麗，附也，事，其本事言，當就事定罪，不可假他端為出入也

凡聽五刑之訟，必原父子之親、立君臣之義以權之。意論輕重之序、慎測淺深之量以別之。悉其聰明、致其忠愛以盡之。疑獄，泛與眾共之；眾疑，赦之。必察小大之比以成之。

權，平也，意，思念也，輕重以法言，淺深以情言，盡之無不周也，泛，廣也，比，附也，已行之事，後世所謂例也，成，定也。

成獄辭，史以獄成告於正，正聽之。正以獄成告於大司寇，大司寇聽之棘木之下。大司寇以獄之成告於王，王命三公參聽之。三公以獄之成告於王，王三又，然後制刑。

成獄詞，猶今問刑已定案也，史若《周官·鄉士》有史十二人也，正若《周官·士師》以下鄉遂諸士也，棘木在外朝，又當作宥寬也，三宥，蓋以三事宥之，如恐有不識，過失遺忘也，宥之而不得，然後制刑焉。

凡作刑罰，輕無赦。刑者侀也，侀者成也，一成而不可變，故君子盡心焉。

輕無赦，欲民不易犯也，侀同形。

析言破律，亂名改作，執左道以亂政，殺。作淫聲、異服、奇技、奇器以疑眾，殺。行偽而堅，言偽而辯，學非而博，順非而澤，以疑眾，殺。假於鬼神、時日、卜筮以疑眾，殺。此四誅者，不以聽。

析言破律，巧賣法令者也，亂名改作，謂變易官若物之名，更造法度也，左道，若巫蠱及俗禁，淫聲，鄭衛之屬，異服，若鷸冠瓊弁也，奇技，奇器若公輸般請以機封之屬，二偽、二非皆虛華捷給，無誠者也，假於鬼神、時日、卜筮，若當喪葬、築蓋、嫁娶，卜數文書，使民倍禮違制也，不以聽，不待聽也，事實則殺之，為其害大而詞不可習也。

凡執禁以齊眾，不赦過。有圭璧金璋，不粥於市；命服命車，不粥於市；宗廟之器，不粥於市；犧牲不粥於市；戎器不粥於市。用器不中度，不粥於市。兵車不中度，不粥於市。布帛精粗不中數、幅廣狹不中量，不粥於市。姦色亂正色，不粥於市。錦文珠玉成器，不粥於市。衣服飲食，不粥於市。五穀不時，果實未熟，不粥於市。木不中伐，不粥於市。禽獸魚鱉不中殺，不粥於市。關執禁以譏，禁異服，識異言。

不赦過，為人將易犯也，戎器，軍器也，用器若弓矢耒耜及飲食之器，度，丈尺也，數，升縷多少之數，成，善也，關，境上門，執禁以譏，執載所當禁之物之書，以呵察出入人也，異服已在身，故禁之，異言聽之乃得，故識之，皆以防姦偽、察非違也，其禁同，而所以致禁之故異也。

大史典禮，執簡記，奉諱惡。

大史，史官之長，典，主也，禮，凡禮事之典籍也，簡記，謂簡策所記一時一事當用之禮，書則大史執之，即執書抱法也，奉，進也，諱，若先王名，惡謂若忌日、子卯之類，即詔王忌諱也。

天子齊戒受諫。司會以歲之成，質於天子，冢宰齊戒受質。大樂正、大司寇、市，三官以其成，從質於天子。大司徒、大司馬、大司空齊戒受質；百官各以其成，質於三官。大司徒、大司馬、大司空以百官之成，質於天子。百官齊戒受質。然後，休老勞農，成歲事，制國用。

齊戒，重其事也，諫，謂凡王所當改為之事，古者改歲，則有改為之事，《周官》始和之布是也，司會，冢宰之屬，掌計要者，歲成即一歲之計要也，質，正而平之也，冢宰亦齊戒受質，贊王廢置誅賞也，市，司市，地官之屬，樂正掌學士人材所主，司寇掌刑罰民命所繫，司市掌市易貨賄所出，三官之簿書尤重且多，故特從司會而質於天子也，司徒、司馬、司空齊戒受質，受其屬之成而質之，然後以其成質於天子也，蓋天子六卿，本各受其屬之質，以質於天子，此似以樂正為宗伯，而司市又別專達其三官，又似諸侯之三卿，大都周籍既亡，傳聞又有異同耳，百官受質，受天子之平報也，休老，即正齒位、息老物是也，勞農，如樂田畯、息田夫是也，成歲事，既成今歲之終，又成來歲之始也，制國用，即制來歲一年之所當用矣。

凡養老：有虞氏以燕禮，夏后氏以饗禮，殷人以食禮，周人修而兼用之。

《周官・羅氏》仲春養國老，謂致仕之公卿大夫也，諸記言天子視學、養

老，自指國老而言，燕禮見《儀禮》；周制：饗禮各從命數，若養老以饗禮，蓋亦止用一獻，所謂卿當燕用折俎者是也，食禮之舉亦依命數，《儀禮》有公食大夫，亦食中之一禮也，周人修而兼用，蓋亦謂一獻一舉飲食，兼備以盡行養之道耳，然此必養國老，乃須備禮如此，若司徒之以保息養庶老，則謂之邦饗，兼及死政之老，又六鄉地治之官之事在於鄉學，雖國老亦與其禮當有殺矣，此但以凡槩之，豈以國學統鄉學言之歟？抑亦禮廢失考，姑為約舉歟？自此以下至不從政，皆採《內則》文。

五十養於鄉，六十養於國，七十養於學，達於諸侯。八十拜君命，一坐再至，瞽亦如之。九十使人受。

六鄉即在國中，分鄉與國為二，非也，大夫七十乃致仕，國中之人六十猶徵，則老者之年必七十矣，五十、六十乃謂死政者之父，非以其老也，死政者之父止養於鄉學，庶老年雖七十，亦止養於鄉學，必致仕之國老，乃養於大學，所以別貴貴也，記亦多混；達於諸侯，言養老不特天子也，命謂君不親饋，以禮致之，坐即跪也，凡君命至，必再拜，惟膝一跪而首再至地，亦以老者不堪煩勞而佚之也，即此愈見其為庶老，若養國老，君當親饋親酳也，瞽無目，不便於禮，故拜君命亦如之，連及詞也，使人受，以筋力尤衰，不必親拜，使人代受也。

五十異粻，六十宿肉，七十貳膳，八十常珍；九十，飲食不離寢、膳飲從於遊可也。

粻，糧也，宿，宿留也，貳，副也，珍，美食也，遊謂凡出入所止之處，此記老者在家食養之法，愈老當愈備也。

六十歲制，七十時制，八十月制；九十日修，唯絞、紟、衾、冒，死而後制。

歲制，若棺木不易成者，時制，一時可辦者，月制，一月可辦者，日修，謂日日修理之，為近於終故也，絞、紟、衾、冒皆一二日可為，孝子不忍預凶事，故必死而後制也，此又因老者養生，而及終生之事，亦愈老而愈備也。

五十始衰，六十非肉不飽，七十非帛不暖，八十非人不暖；九十，雖得人不暖矣。

此言衰老之漸，以明上養生送死之當加備也。

五十杖於家，六十杖於鄉，七十杖於國，八十杖於朝；九十者，天

子欲有問焉，則就其室，以珍從。七十不俟朝，八十月告存，九十日有秩。

朝必賜之杖，然後杖必國老而後許杖朝也，就室、珍從，尊之且以致養也，不俟朝，君揖之則退也，月告存，每月君使人問存否，以存告也，秩，常也，君賜之日有常膳，如酒正之秩膳。

五十不從力政，六十不與服戎，七十不與賓客之事，八十齊喪之事弗及也。

力政，徒役之事，若築城治道之屬，服戎，軍旅之事，此皆指庶人而言，不與賓客之事，父年老而子代也，不齊則不祭，子代之祭，是謂宗子不孤，喪事不及，事死之禮亦不與也，力政、服戎，公事也，賓客、齊喪則私事，亦不與矣

五十而爵，六十不親學，七十致政。唯衰麻為喪。

爵謂服官政，命為大夫也，不親學，不能備弟子禮，以從師耳，非不學也，致政，退老也，衰麻為喪，則飲食當致養也。

有虞氏養國老於上庠，養庶老於下庠。夏后氏養國老於東序，養庶老於西序。殷人養國老於右學，養庶老於左學。周人養國老於東膠，養庶老於虞庠：虞庠在國之西郊。

質言之則歷代之養老，不過國老養於太學，庶老養於鄉遂耳，庠、序、膠，或當時學制異名，固舉以示別也，庠取養老之義，序取習射之義，膠疑校音所訛，非有他也，周之養老於遂者，蓋取虞國學之制，故又有虞庠之名，在西郊也，至鄉學、太學俱在國中，特以大學異制，又不在鄉，故名國學耳。

有虞氏皇而祭，深衣而養老。夏后氏收而祭，燕衣而養老。殷人冔而祭，縞衣而養老。周人冕而祭，玄衣而養老。凡三王養老皆引年。

皇、收、冔，制皆未詳，與冕皆祭冠也，縞，白色，深、縞蓋皆以白布為之，燕、玄皆蓋以緇布為之，或深、燕皆布，縞、玄皆帛也，其布升雖同於朝服，而深衣之制非朝服之制也，豈養老主於燕安，故與鄉飲、鄉射之息司正同服歟？引年猶尚齒也，以長幼為坐次也。

八十者一子不從政，九十者其家不從政，廢疾非人不養者一人不從政。父母之喪，三年不從政。齊衰、大功之喪，三月不從政。將徙於諸侯，三月不從政。自諸侯來徙家，期不從政。

不從政，謂復除之，無力役等徵也，廢疾，篤疾也，齊、功三月，俟葬畢也，諸侯，他國也，來徙者，新甿也，此又因養老而連及之。

少而無父者謂之孤，老而無子者謂之獨，老而無妻者謂之矜，老而無夫者謂之寡。此四者，天民之窮而無告者也，皆有常餼。

此採《孟子》文，餼，廩也。

瘖、聾、跛、躃、斷者、侏儒、百工，各以其器食之。

此採《國語》文，瘖，口不能言，聾，耳不能聞，跛、躃，足不能行，斷，支節絕也，侏儒，短人也，器，能也。

道路：男子由右，婦人由左，車從中央。

此亦採《內則》文，道有三塗，分左右，遠別也，車從中，取平正也，央即平正之意。

父之齒隨行，兄之齒雁行，朋友不相逾。輕任並，重任分，斑白者不提挈。君子耆老不徒行，庶人耆老不徒食。

此亦因尊養老者，而推廣言之，任謂所擔負，老少並輕，則並其任於少者，老少並重，不可並，則分老者之重於少者，猶老者輕而少者重也，斑白，雜白髮也。

大夫祭器不假。祭器未成，不造燕器。

不假，謂有田祿者，燕器，養器也，凡有田祿者，皆當有祭器也。

方一里者為田九百畝。方十里者，為方一里者百，為田九萬畝。方百里者，為方十里者百，為田九十億畝。方千里者，為方百里者百，為田九萬億畝。

此開方算法，十萬、日億、萬億之萬當作千，云萬誤也，此記者自釋千里田畝之數。

自恒山至於南河，千里而近；自南河至於江，千里而近。自江至於衡山，千里而遙；自東河至於東海，千里而遙。自東河至於西河，千里而近；自西河至於流沙，千里而遙。西不盡流沙，南不盡衡山，東不近東海，北不盡恒山，凡四海之內，斷長補短，方三千里，為田八十萬億一萬億畝。

恒山至南河，冀州域，南河至江，豫州域，江至衡山，荊州域，東河至東海，徐州域，東河至西河，亦冀州域，西河至流沙，雍州域，方三千里，統九

州島島島之大計也，上文千億誤為萬億，此又仍而誤也，據數當云八萬一千億畝，此自釋九州島島島千七百國地里並田畝可容之數，近不足也，遙有餘也。

方百里者為田九十億畝：山陵、林麓、川澤、溝瀆、城郭、宮室、塗巷，三分去一，其餘六十億畝。

此自釋以百里三分去一為率，餘可耕之田，以授民也，然正恐可耕之田不能實得，此數蓋妄也。

古者以周尺八尺為步，今以周尺六尺四寸為步。古者百畝，當今東田百四十六畝三十步。古者百里，當今百二十一里六十步四尺二寸二分。

古者謂自春秋以前，周，盡也，猶備足也，周尺謂盈十尺也，尺數十全則為丈，於丈去二尺，以八尺為步，古步法也，今博士自言作記時也，蓋古尺有十寸、八寸二種，古者以周尺八尺為步，而不言以尋為步，則其步指八寸尺言，於十寸尺之一丈止六尺四寸也，今以周尺六尺四寸為步，其步亦指八寸尺言，於十寸尺之一丈，亦止五尺一寸二分也，以今步比古步，每步剩出一尺二寸八分，故古者百畝當今東田有百五十六畝二十五步，古者百里當今有百二十五里，然記言又不盡合，或記者於布筭又有誤也，東田本秦人語，秦地在西，自開阡陌，遂使天下盡東其畝以利戎車，故漢初猶云東田也，此自釋農田百畝之制。

方千里者，為方百里者百。封方百里者三十國，其餘，方百里者七十。又封方七十里者六十——為方百里者二十九，方十里者四十。其餘，方百里者四十，方十里者六十；又封方五十里者二十——為方百里者三十；其餘，方百里者十，方十里者六十。名山大澤不以封，其余以為附庸間田。諸侯之有功者，取於間田以祿之；其有削地者，歸之閒田。

此自釋每州開方建國之文，指圻外而言，義已前見。

天子之縣內：方千里者為方百里者百。封方百里者九，其餘方百里者九十一。又封方七十里者二十一——為方百里者十，方十里者二十九；其餘，方百里者八十，方十里者七十一。又封方五十里者六十三——為方百里者十五，方十里者七十五；其餘方百里者六十四，方十里者九十六。

此自釋天子縣內之地，開方建國之文。

諸侯之下士祿食九人，中士食十八人，上士食三十六人。下大夫食

七十二人，卿食二百八十八人。君食二千八百八十人。次國之卿食二百
一十六人，君食二千一百六十人。小國之卿食百四十四人，君食千四百
四十人。次國之卿，命於其君者，如小國之卿。

此自釋諸侯之下士，視上農夫，至君十卿祿之文，然非也，朝官皆當有田
祿，田祿是采邑，非稍食也，如此班祿，豈非一國君、卿、大夫士皆止有稍食，
而無甸削之地乎？

天子之大夫為三監，監於諸侯之國者，其祿視諸侯之卿，其爵視次
國之君，其祿取之於方伯之地。方伯為朝天子，皆有湯沐之邑於天子之
縣內，視元士。

此自釋三監及天子縣內之內，祿士為閒田之文，祿視卿、爵視君，記者想
當然耳，方伯皆有湯沐邑於縣內，亦未必然。

諸侯世子世國，大夫不世爵。使以德，爵以功，未賜爵，視天子之
元士，以君其國。諸侯之大夫，不世爵祿。

此自釋外諸侯嗣、內諸侯祿之文，大夫不世爵，謂天子之大夫，然天子之
大夫亦無世祿之理，使以德、爵以功，詳大夫所以不世爵之故也，未賜爵，謂
諸侯之世子也，然謂以元士君國，則非矣，三年之內，國事聽於冢宰，世子固
不能君國也，喪畢即當以士服入，是天子亦無待天子來賜爵之理也。

六禮：冠、昏、喪、祭、鄉、相見。七教：父子、兄弟、夫婦、君
臣、長幼、朋友、賓客。八政：飲食、衣服、事為、異別、度、量、
數、制。

此自釋六禮、七教、八政之目，鄉，鄉飲酒、鄉射也，事為若九職十二事，
異別若五土各有所宜，推之四方風尚，不同皆是也。

禮記卷六　月令

紀一歲十二月所當行之令也，本《呂氏春秋》十二紀之首篇，《小戴記》四十六篇中所無，隋《經籍志》云馬融增入，或曰非也。

孟春之月

孟，長也，自立春節始，至雨水中之末謂之孟春，漢以前皆以驚蟄為孟春中，雨水為仲春節，西漢末劉歆作《三統曆》，始以雨水為孟春中，驚蟄為仲春節，後世因之不言正月；三代子、丑、寅之正歲，時各異也，秦又有亥正焉，故言孟春，則知月之建寅，其節氣中，氣皆有常矣，且月非必舉晦朔也，猶云時耳。

日在營室

營室，定也，北方之宿，日之所在，星不可見，以昏、旦中星參互得之，日在本言日之所躔，而營室為娵訾之次，乃雨水中時所在，非立春節所在也，孟春之日在，必舉娵訾之次者，以雨水為中氣，舉正必於中故也，若今嘉慶五年，歲在庚申，立春節日在女六度，雨水中日在虛九度。

昏參中，旦尾中。

參，西方宿，尾，北方宿，今嘉慶五年，歲在庚申，立春節昏昴中、旦氐中，雨水中昏參中、旦氐中。

其日甲乙。

天有十日，分配五行，甲陽乙陰，皆木行之日也，又言幹不言枝者，幹陽屬天，枝陰屬地，地統於天也。

其帝大皞

帝者，天之主宰，皞，廣大之意，大則又言其德之盛也，伏羲氏以木德王天下，沒以為號，因亦祀於東方，以配其帝焉。

其神句芒。

神猶氣也，指其作用者而言，句者木初生之形，芒有牙角也，時為萬物初生，皆句屈有芒角也，少皞氏之裔子曰重，以木正佐帝治天下，沒亦以為號，因亦祀於東方，以配其神焉。

其蟲鱗。

蟲者，動物之總名，鱗，水族，龍為之長。

其音角。

單出曰聲，雜比曰音，不曰聲而曰音，舉其調樂曲者言也，角，樂器聲也，三分羽益一以生角，其數六十四，屬木，象民聲，當清濁中，春氣和，則角聲調，角亂則憂其民怨。

律中大蔟

律，候氣之管，始于伶倫，制十二箭，以應十二月之氣，後世以銅為之，中猶應也，謂吹灰也，孟春氣至則大蔟之律應，大蔟者，林鍾所生，三分益一，律長八寸。

其數八。

金、木、水、火，得土乃成，木生數三，加土數五，以為成數，故數八也。

其味酸，其臭膻。

味生於形，臭生於氣，味辨於口，臭通於鼻，然味以形之成言，臭以氣之化言也，木之味臭，凡酸膻者皆屬焉。

其祀戶，祭先脾。

戶在室西南隅，單而外啟，人處室必由戶出，象春陽之氣外出，故春祀之，凡祭五祀用特牲，有主有尸，皆先設席於奧，祀戶之禮，南面設主於戶內之西，乃制脾及腎為俎，奠於主北，又設盛於俎西，祭黍稷、祭肉、祭醴，皆三，祭肉，脾一，腎再，既祭徹之，更陳鼎俎，設饌於筵前，迎尸略如祭宗廟之儀，脾屬土，祭先之，其義未詳，後放此。

東風解凍，蟄蟲始振，魚上冰，獺祭魚，鴻雁來。

皆記時候也，蟄，伏也，振，微動也，《夏小正》云正月啟蟄是也，魚上冰，魚不伏水底，上游而近冰也，魚始上肥美，獺將食之，先以祭也，鴈自南

來，將北反其居，《呂氏春秋》作候鴈北，言候時之鴈北反也。

　　天子居青陽左個。

　　青陽，宮中十二室之東三室總名也，左個，東三室之北室也，直堂序之東，亦名東序，居之順時令也，凡天子大寢、大學、大廟，其宮皆環列十二室，逐月居之，順月則居門。

　　乘鸞路，駕倉龍，載青旗，衣青衣，服倉玉。

　　鸞，青色之鳥，路同輅，倉同蒼，馬八尺以上為龍，五時服物，古不可考，或創始於秦，或作者以意立說，俱未可知也，然自漢以後法駕，則多用之矣。

　　食麥與羊，其器疏以達。

　　麥，秋種夏熟，羊性屬火，疏達，氣可疏通透漏也，其當食用之故未詳，恐亦作者以意說耳。

　　是月也，以立春。先立春三日，大史謁之天子曰：某日立春，盛德在木。天子乃齊。立春之日，天子親帥三公、九卿、諸侯、大夫以迎春於東郊。還反，賞公卿、諸侯、大夫於朝。

　　以其立春，故曰孟春，非謂立春定於是月也，夏、秋、冬並同，謁，告也，陰陽合為道，五行播於四時，各得道之一端為德，五行更盛迭衰，各王其時，王則相者生、生者廢、勝者囚所勝者死，而一行之德獨盛也，賞於朝有功德者，順時行慶，與眾共之也，《周官·鑰章》言仲春畫迎暑，仲秋夜迎寒，未見四立迎氣之說，或創始於秦，與作者以意立說，亦未可知也。

　　命相布德和令，行慶施惠，下及兆民。慶賜遂行，毋有不當。

　　相若周之冢宰，德，善教也，布德若《內則》「降德於兆民」，和令若《周官》「正月始和布象」也，行慶施惠，語太廓泛無著。

　　乃命大史守典奉法，司天日月星辰之行，宿離不貸，毋失經紀，以初為常。

　　典，天文之書，法，推步候驗之法，司，古伺字，猶候也，離，麗也，如《詩》月離于畢之離，宿謂留止，離謂經歷也，貸同忒，《呂氏春秋》作忒，經紀，五紀之常數，初者，周天七政，復初之度數也。

　　是月也，天子乃以元日祈穀於上帝。乃擇元辰，天子親載耒耜，措之參保介之御間，帥三公、九卿、諸侯、大夫，躬耕帝藉。天子三推，三公五推，卿諸侯九推。反，執爵於大寢，三公、九卿、諸侯、大夫皆

御，命曰：勞酒。

元日，孟春上辛日也，祈穀於東郊，上帝，天也，以人帝配，元辰，亥辰也，亥為天倉，耕之吉辰也；保即《周官》保氏，王舉則從猶擯介然，故曰保介於參，《呂氏春秋》作參於，謂天子居左，而耒耜參於御右之間也，帝藉，千畝之藉也，推以耜，刺土而推之也，《國語》云王耕一發，班三之，作者約識其禮而不全，故小異也；大寢，路寢也，御，侍也，勞酒即《國語》所陳之饗禮也，《國語》云王歆大牢，班嘗之，庶人終食，即在藉壇內，此云反執爵於大寢，又曰勞酒，則用燕禮矣，或秦禮，然抑亦春秋後變易就簡之制。

是月也，天氣下降，地氣上騰，天地和同，草木萌動。

此節言天地交而道泰，下節言人可因之有事耳，然氣有上升、無下降，氣而下降，非泄即散，殆不可以氣言矣，蓋下降與下濟異，一字之別，相去千里，不容混也，凡陰陽之氣，皆自下而升，雖有盛衰，豈有下降者乎？

王命布農事，命田舍東郊，皆修封疆，審端經術。善相丘陵阪險原隰土地所宜，五穀所殖，以教道民，必躬親之。田事既飭，先定準直，農乃不惑。

田，田官也，若鄰長、比長以上諸人，舍，止，言東郊，非也，當是合眾於鋤耳，術、遂聲相近，古通用，準直，謂封疆徑遂也，此秦開阡陌後一切補苴之法，若遂人之職不廢，無用此紛紛也。

是月也，命樂正入學習舞。

即《周官・大胥》春入學，合舞也。

乃修祭典。命祀山林川澤，犧牲毋用牝。禁止伐木。毋覆巢，毋殺孩蟲、胎、夭、飛鳥。毋麛，毋卵。毋聚大眾，毋置城郭。掩骼埋胔。

修祭典，重祭事，歲始省錄也，命祀山林川澤，百物所從生也，毋用牝，為傷妊也，山林川澤祀卑，餘月多用牝，惟此時不用耳，禁止伐木，盛德所在也，自覆巢至麛卵，為傷萌幼之類也，孩蟲，蟲未成，大如孩者，胎，在腹未出者，夭，已出始生者，飛鳥，習飛之鳥，聚眾、置城郭，為妨農也，骨枯曰骼，肉腐曰胔。

是月也，不可以稱兵，稱兵必天殃。兵戎不起，不可從我始。毋變天之道，毋絕地之理，毋亂人之紀。

稱兵逆生氣，故天殃，兵戎為客，是始禍者為，主人應兵是不得已而用

之，故曰不可從我始，天道有常不可變，地理有條不可絕，人紀有敘不可亂，此古今所同，不必孟春也，特以歲首言之。

孟春行夏令，則雨水不時，草木蚤落，國時有恐。行秋令則其民大疫，猋風暴雨總至，藜莠蓬蒿並興。行冬令則水潦為敗，雪霜大摯，首種不入。

行令，謂人君所行之令，令失其時則召災，不必如此纖鑿也，此開《五行傳》之祖，不時，謂不以時至，多旱災也，早生者早落，恐相驚訛也，回風曰猋，總至，正氣逆也，並興，惡物茂也，摯同至，首種稷也，入，收入也。

仲春之月，日在奎，昏弧中，旦建星中。

自驚蟄節始，至春分之末，謂之仲春，仲，中也，月，建卯之辰，奎，西方之宿，降婁之次也，今驚蟄節日在危十四度，春分中日在室九度，弧在輿，鬼宿南，建星在斗宿上，今驚蟄節昏井中、旦房中，春分中昏北河、中旦尾中。

其日甲乙，其帝大皞，其神句芒。其蟲鱗。其音角，律中夾鍾。

夾鍾，夷則所生三分益一，律長七寸二千一百八十七分寸之千七十五。

其數八。其味酸，其臭膻，其祀戶，祭先脾。始雨水，桃始華，倉庚鳴，鷹化為鳩。

始雨水以下皆記時候也，於此月始雨水，則古歷先驚蟄，合之《夏小正》而益信，桃為百木之精，能伏邪氣，品類甚多，始華者小桃，花多實小，不堪啖，惟堪取仁，倉庚，驪黃搏黍也，鷹，爽鳩也。

天子居青陽大廟，乘鸞路，駕倉龍，載青旗，衣青衣，服倉玉，食麥與羊，其器疏以達。

大廟，東三室之正東中室也，外直宮之東門，內直廷之碑。

是月也，安萌芽，養幼少，存諸孤。

萌芽，植物幼少，兼動物言，存，省恤也，存諸孤，亦周饗孤子之意。

擇元日，命民社。

民社，一里之社，即后土神也，祭社必以稷從，不言略也，元日未知何日，後世用戊，然祭無用剛日之理，《洛誥》之社，承郊之次日也，疑當經己日，或仍用辛日為正。

命有司省囹圄，去桎梏，毋肆掠，止獄訟。

囹圄，秦獄名，桎梏，囚械也，肆掠，恣意拷治也，此皆順陽氣為寬解也。

是月也，玄鳥至。至之日，以大牢祠於高禖。天子親往，后妃帥九嬪御。乃禮天子所御，帶以弓韣，授以弓矢，於高禖之前。

玄鳥，燕也，燕來孚乳，嫁娶時也，高禖，先媒也，變媒言禖，又稱高者，尊且神之也，其神或曰伏羲，或曰高辛，未知孰是，主祠者，媒氏也，親往之禮未詳，蓋為祈子也，御，女御也，以嬪御，統夫人、世婦也，禮謂以醴禮之，所御，已幸御有身者，韣，弓衣，弓矢為男子所有，事殺之，祝生子也。

是月也，日夜分。雷乃發聲，始電，蟄蟲咸動，啟戶始出。

日夜分，陽進得中，晝長與夜等也，雷，陽聲，電，陽光，陽盛故有聲光也，咸動，地不動也，與始振微動異，戶，穴也，此再記月末之候。

先雷三日，奮木鐸以令兆民曰：雷將發聲，有不戒其容止者，生子不備，必有凶災。

先雷三日，蓋謂春公前三日也，否則雷之發聲，豈必以術推之？容止，謂夫婦交接也，不備，骸竅有虧也，凶災，若疾病、災患，謂其夫婦。

日夜分，則同度量，鈞衡石，角斗甬，正權概。

同、鈞、角、正皆平也，衡，稱也，甬，斛也，概，平斗斛者。

是月也，耕者少舍。

舍，休息也，少舍皆出耕於野，少有在邑者也。

乃修闔扇，寢廟畢備。

闔，門也，扇，戶也，不言門戶，兼局樞言也，寢謂居室，廟則賓客朝會之地，此皆工人所為，非農夫之事也。

毋作大事，以妨農之事。

大事，征伐、城築之屬。

是月也，毋竭川澤，毋漉陂池，毋焚山林。

順陽養物，故禁盡類悉取也。

天子乃鮮羔開冰，先薦寢廟。

鮮，獻字之訛，《呂氏春秋》作獻，獻羔祭司寒也，此篇凡祖廟皆言寢廟，蓋秦時語也，其實凡宮皆有寢有廟，祖廟與居室皆然，不別言之，不詞也。

上丁，命樂正習舞，釋菜。天子乃帥三公、九卿、諸侯、大夫親往視之。仲丁，又命樂正入學習樂。

上丁，初丁日也，菜，蘋蘩之屬，釋之，學士以禮先師也，《周官・大胥》所掌，天子視學，亦止釋菜行事也，仲丁，次丁日也，又習樂，則肄業而已。

是月也，祀不用犧牲，用圭璧，更皮幣。

更，易也，非但用圭璧易牲，並有用皮幣易牲也，此亦非禮，周制：大祀用玉帛牲牷，次祀用牲幣，小祀用牲，蓋祀無可不用牲者，作者殆以禮神之典混入祀事耳。

仲春行秋令，則其國大水，寒氣總至，寇戎來征。行冬令，則陽氣不勝，麥乃不熟，民多相掠。行夏令，則國乃大旱，暖氣早來，蟲螟為害。

掠，劫奪也，螟，食苗蟲。

季春之月，日在胃，昏七星中，旦牽牛中。

自清明節始至穀雨中之末，謂之季春，季，少也，月建辰之辰，漢《三統歷》猶以穀雨為三月節，清明為三月中，《易・通卦》驗節氣，中氣與今同，未知何時改也，胃，西方之宿，大梁之次也，今清明節日在壁八度，穀雨中日在奎十度，七星，南方之宿，牽牛，北方之宿，今清明節昏七星中、旦帝座中，穀雨中昏軒轅中、旦箕中。

其日甲乙。其帝大皞，其神句芒。其蟲鱗。其音角，律中姑洗。

姑洗，南呂所生三分益一，律長七寸九分寸之一。

其數八。其味酸，其臭羶。其祀戶，祭先脾。桐始華，田鼠化為鴽，虹始見，萍始生。

桐始華以下皆記時候也，鴽，牟母，即鶉也，螮蝀謂之虹，蓱，萍也。

天子居青陽右个，乘鸞路，駕倉龍，載青旗，衣青衣，服倉玉。食麥與羊，其器疏以達。

右个，東三室之南室也，直畢門之東，亦名東廂。

是月也，天子乃薦鞠衣於先帝。

此句詞義俱非，先王、先公與殷先哲王、古先哲王皆無帝稱，惟天神乃有上帝與五帝，又不可以先稱，即云古人，帝亦當以先農若先蠶別之，不當渾舉也，蓋本是王后將蠶，服鞠衣以享先蠶之事，作者誤而誕也，鞠，華色黃，與

桑初生色同，以桑飼蠶，因取其色為服也。

命舟牧覆舟，五覆五反。乃告舟備具於天子焉。

舟牧，主舟之官，覆以治其表，反以飭其中也。

天子始乘舟。薦鮪於寢廟，乃為麥祈實。

乘舟，親漁也，鮪，王鮪，似鱣，長鼻，口在頷下，體無鱗甲，時麥方含秀，故薦以祈實也。

是月也，生氣方盛，陽氣發洩，句者畢出，萌者盡達。不可以內。

句，屈生者，芒而直曰萌，即句之先出者，內，古納字，謂收斂也。

天子布德行惠，命有司發倉廩，賜貧窮，振乏絕，開府庫，出幣帛，周天下。勉諸侯，聘名士，禮賢者。

周，徧也，使人徧訪名賢，且勉諸侯聘禮之也，首句冗出，當刪，開府庫句似止為出幣帛，亦冗當刪。

是月也，命司空曰：時雨將降，下水上騰，循行國邑，周視原野，修利堤防，道達溝瀆，開通道路，毋有障塞。

下水上騰者，水本就下，然下流壅塞，則反逆而上騰矣。

田獵置罘、羅網、畢翳、餧獸之藥，毋出九門。

為鳥獸方孚乳，不欲傷之，逆天時也，置罘，獸罟，羅綱，鳥罟，小而柄長者曰畢翳，射者所以自隱也，餧，以食委獸也，置藥其中以毒之，故云藥也，九門，上公之制，蓋秦時僭用之，故云，若天子當有十二門。

是月也，命野虞毋伐桑柘。鳴鳩拂其羽，戴勝降於桑。具曲植籧筐。后妃齊戒，親東鄉躬桑。禁婦女毋觀，省婦使以勸蠶事。蠶事既登，分繭稱絲效功，以共郊廟之服，無有敢惰。

野虞，山虞也，毋伐桑柘，重蠶食也，鳴鳩，鶻鳩也，拂羽，初出振羽而鳴，即布穀也，春來冬去，此記其來時，戴勝，織紝之鳥，勝一作任，時恒在桑，言降於桑，若其自天來降，重之也，曲，薄也，植，槌也，籧，粗席，筐，方筥，皆養蠶器，觀，遊也，省婦使，省他使役事也，登，成也，效，致也。

是月也，命工師令百工審五庫之量：金鐵，皮革筋，角齒，羽箭幹，脂膠丹漆，毋或不良。

工師，司空之屬，庫，藏諸物之庫，量，審物善惡之舊法也，幹，可為弓幹之木，金鐵一庫、皮革一庫、筋角齒羽一庫、箭幹一庫、脂膠丹漆一庫。

百工咸理，監工日號；毋悖於時，毋或作為淫巧以蕩上心。

咸理，皆各治其事也，監工即工師，監視百工者，號，戒令之也，悖，逆也，凡作器物，各有其時，若弓人春液角、夏治筋之類，淫巧偽飾，不中法也，蕩，動也，動之使生奢泰也，作為，字義複沓，為字當刪。

是月之末，擇吉日，大合樂，天子乃率三公、九卿、諸侯、大夫親往視之。

此因大合樂而視學也，樂，六代樂舞也。

是月也，乃合累牛騰馬，遊牝於牧。犧牲駒犢，舉，書其數。

合通淫也，累，繫也，騰，躍也，互言之牛馬皆常維繫，而其時皆求牝也，牝者既合而孕，則欲其生息蕃盛，故又遊散於牧以休養之，犧牲駒犢，謂駒犢之中犧牲者，舉，皆也。

命國難，九門磔攘，以畢春氣。

難，古儺字，所以除不祥，凡室中區隅幽闇之處，陰慝之氣所易欝積為患，故必搜索驅逐之也，裂牲曰磔，若䠊辜是也，攘，除也。

季春行冬令，則寒氣時發，草木皆肅，國有大恐。行夏令，則民多疾疫，時雨不降，山林不收。行秋令，則天多沉陰，淫雨蚤降，兵革並起。

肅，枝葉縮栗也，不收，暵於熱也。

孟夏之月，日在畢，昏翼中，旦婺女中。

自立夏節始至小滿中之末，謂之孟夏，月建己之辰，畢，西方之宿，實沈之次也，今立夏節日在胃一度，小滿中日在昴三度，翼，南方之宿，婺，北方之宿，今立夏節昏五帝座中、旦箕中，小滿中昏角中、旦斗中。

其日丙丁。

丙陽丁陰，皆火行之日也。

其帝炎帝

火德炎上，故稱炎帝，神農氏以火德王天下，沒以為號，因亦祀於南方，以配其帝焉。

其神祝融。

祝融，大明之貌，其時萬物皆光大明著也，顓頊氏之子曰犁，以火正佐帝

治天下，沒亦以為號，因亦祀於南方，以配其神焉。

其蟲羽。

羽物，飛鳥之族，鳳為之長。

其音徵。

三分宮去一以生徵，其數五十四，屬火，象事，夏氣和，則徵聲調，徵亂則哀，其事勤。

律中中呂。

中呂者，無射所生三分益一，律長六寸萬九千六百八十三分寸之萬二千九百七十四。

其數七。

火生數二，加土五數為成數，故七也。

其味苦，其臭焦。

火之臭味也，凡苦焦者皆屬焉。

其祀灶，祭先肺。

竈在廟門外之東，象夏陽之氣盛而熱也，故夏祀之，祀竈之禮，先席於廟門之奧，東面設主於竈陘，乃制肺及心肝為俎，奠於主西，又設盛於俎南，亦祭黍三，祭肺、心、肝各一，祭醴二，亦既祭徹之，更陳鼎俎，設饌於筵前，迎尸如祀戶之禮，肺屬金。

螻蟈鳴，蚯蚓出，王瓜生，苦菜秀。

螻蟈，蛙也，瓜，陰物，瓜種最多，其首生者謂之王瓜，實微陰之始見者也，苦菜，荼也，皆記時候也

天子居明堂左個。

明堂，宮中十二室之南三室總名也，左個，南三室之東室也，亦曰左塾，南三室皆在畢門外。

乘朱路，駕赤騮，載赤旗，衣朱衣，服赤玉。

騮，棗色馬，色深曰朱，色淺曰赤。

食菽與雞，其器高以粗。

粗，大也，其當食用之故亦未詳。

是月也，以立夏。先立夏三日，大史謁之天子曰：某日立夏，盛德

在火。天子乃齊。立夏之日，天子親帥三公、九卿、大夫以迎夏於南郊。還反，行賞，封諸侯。慶賜遂行，無不欣說。

封之典視賞為大，蓋亦古制有之，故記曰發爵、賜服，順陽義也，然作者大都以意立說，漢人又加泥焉。

乃命樂師，習合禮樂。

合樂，司樂之職，亦肄業之常耳，禮有執而不能合，且史官之職，宗伯所統，而云樂師習合之，非也。

命大尉，贊桀俊，遂賢良，舉長大，行爵出祿，必當其位。

大尉，秦官，蓋如周之司馬，長大，蓋謂有勇力，能用五兵之人，而詞皆欠顯白。

是月也，繼長增高，毋有壞墮，毋起土功，毋發大眾，毋伐大樹。

繼長增高，即動植之物，以驗天地之氣也。

是月也，天子始絺。

絺，細葛，初試暑服也。

命野虞出行田原，為天子勞農勸民，毋或失時。

此非虞人之事，乃遂師、司稼等職也，蓋秦時開阡陌，諸職俱廢，故以野虞代之。

命司徒巡行縣鄙，命農勉作，毋休於都。

縣鄙猶言境內，秦之縣鄙非如周之縣鄙也，都亦謂邑中。

是月也，驅獸毋害五穀，毋大田獵。

驅獸，即苗田也。

農乃登麥，天子乃以彘嘗麥，先薦寢廟。

登，進也，彘，水畜，肉食相嘗之道與食醫異，又與《王制》時薦異，未詳，蓋皆作者以意說耳。

是月也，聚畜百藥。靡草死，麥秋至。

百藥，百艸之可為藥者，聚而畜之，蕃庶之時氣盛也，靡草，今夏枯艸，或云薺，葶藶之屬，百穀各以初生為春，熟為秋，雲至，皆熟也。

斷薄刑，決小罪，出輕繫。

非有大惡，不忍使盛暑之月，困於囹圄也。

蠶事畢，后妃獻繭。乃收繭稅，以桑為均，貴賤長幼如一，以給郊廟之服。

獻繭，獻於王，告蠶事成也，繭稅，蓋國中嬪婦有桑田，當治蠶者之貢也，桑，田也，周制：士民有桑麻之田在近郊，均者，近郊有十一之稅也

是月也，天子飲酎，用禮樂。

酎，醇也，重釀之酒，春酒至此始成者，飲酎蓋秦制，周時禮飲皆用醴，惟至無算，或用事昔清耳；用禮樂句，不詞，天子一動，豈有不以禮樂者，不言何禮何樂，而槩而統之，由秦人不知禮樂，故作者亦為是泛語耳。

孟夏行秋令，則苦雨數來，五穀不滋，四鄙入保。行冬令，則草木蚤枯，後乃大水，敗其城郭。行春令，則蝗蟲為災，暴風來格，秀草不實。

入保，防寇患也，格，至也。

仲夏之月，日在東井，昏亢中，旦危中。

自芒種節始至夏至中之末，謂之仲夏，月建午之辰，東井，南方之宿，鶉首之次也，今芒種節日在畢九度，夏至中日在參八度，亢，東方之宿，危，北方之宿，今芒種節昏氐中、旦河鼓中、夏至中昏房中、旦女中。

其日丙丁。其帝炎帝，其神祝融。其蟲羽。其音徵，律中蕤賓。

蕤賓，應鍾所生三分益一，律長六寸八十一分寸之二十六。

其數七。其味苦，其臭焦。其祀灶，祭先肺。小暑至，螳蜋生。鵙始鳴，反舌無聲。

小暑至以下皆記時候也，螳蜋，螵蛸母也，反舌，百舌鳥也。

天子居明堂大廟，乘朱路，駕赤騮，載赤旗，衣朱衣，服赤玉，食菽與雞，其器高以粗。

大廟，南三室之正南中室也，外直宮之南門，內直畢門。

養壯佼。

壯佼，謂年壯而形貌美好者，此亦不詞，老者、幼者有待於養，豈壯佼而亦待養乎？當云養賢，庶幾近之，然亦不可以時拘也。

是月也，命樂師修鞀鞞鼓，均琴瑟管簫，執干戚戈羽，調竽笙篪簧，飭鍾磬柷敔。

修、均、執、調、飭皆謂治其器物、習其事也，鞀即韜也，鞞，小鼓，笭同麂，笭簧，《呂氏春秋》作塤篪，當有塤，八音乃備。

命有司為民祈祀山川百源，大雩帝，用盛樂。乃命百縣，雩祀百辟卿士有益於民者，以祈穀實。

山川百源皆能興雨，以時陽盛易旱，得雨為急，故雩以祈之，雩者，吁嗟以求急雨之聲也，天子祭上帝，諸侯祭上公，百縣，圻內之縣，故命各祈其所當祀也，龍見而雩當在夏初，於仲夏則為因旱而雩，記不書於孟月而書於仲月，非也；旱暵之事，吁嗟皇舞而已，用盛樂以充陽，秦之妄也，況樂之歌、奏、舞各有專主，不可徧用，亦不當渾舉，乃止言盛以槩之，又記者之陋也。

農乃登黍。

蔡邕曰今蟬鳴黍是也。

是月也，天子乃以雛嘗黍，羞以含桃，先薦寢廟。

雛疑雞雛也，羞亦進也，含桃，櫻桃也，此果先成，故特羞之。

令民毋艾藍以染，毋燒灰，毋暴布。門閭毋閉，關市毋索。挺重囚，益其食。

艾同刈，藍始可別，是時未宜刈也，燒灰，若燒蜃蛤之殼為灰，為火氣太盛也，《周官‧染人》「暴練以春」，則盛夏而暴，必有所不宜也；門，城門，閭，里門，即有故，亦止嚴其守而已，豈有閉之之事，毋閉二字不詞，蓋與毋索同，不為苛察耳，挺猶寬也，益其食亦不詞，豈非仲夏，即有時減其食乎？苟他時不減，則此亦無庸益也。

游牝別群，則縶騰駒，班馬政。

是月牝馬懷妊，別羣者，別其有孕者，善養之也，縶騰駒，謂駒之能騰而求牝者，驟之即攻特也，馬政，養馬之政。

是月也，日長至，陰陽爭，死生分。君子齊戒，處必掩身，毋躁。止聲色，毋或進。薄滋味，毋致和。節嗜欲，定心氣，百官靜事毋刑，以定晏陰之所成。

爭者，陽方盛而陰始生，勢相爭也，凡物感陽氣長者生，感陰氣成者死，時陰氣既起，物皆半死半生，未有所定然，其機由此決，故曰分也，掩，深也，居處不可顯露，避暑氣也，惡暑則躁，亦當戒也，聲色謂燕私淫蕩之事，進猶御也，薄、節、定皆淡泊寧靜之道，所以養生也，靜事，少所造作也，毋刑，

不輕罪罰也，言政治亦宜減靜也，晏陰，蓋當時語，初行之陰，雖微而勢盛，未有所定，亦未知其所成何如，故皆當安靜，以待其定且成也。

　　鹿角解，蟬始鳴。半夏生，木菫榮。

　　半夏，藥艸，木菫，王烝也。

　　是月也，毋用火南方。可以居高明，可以遠眺望，可以升山陵，可以處臺榭。

　　高明謂樓觀。

　　仲夏行冬令，則雹凍傷穀，道路不通，暴兵來至。行春令，則五穀晚熟，百螣時起，其國乃饑。行秋令，則草木零落，果實早成，民殃於疫。

　　不通由於兵至，是倒句文，螣，食葉蟲。

　　季夏之月，日在柳，昏火中，旦奎中。

　　自小暑節始至大暑中之末，謂之季夏，月建未之辰，柳，南方之宿，鶉火之次也，火，大火心星，東方之宿，今小暑節日在井十一度，大暑中日在井二十七度，小暑節昏尾中、旦危中，大暑中昏帝座中、旦室中。

　　其日丙丁。其帝炎帝，其神祝融。其蟲羽。其音徵，律中林鍾。

　　林鍾，黃鐘所生三分去一，律長六寸。

　　其數七。其味苦，其臭焦。其祀灶，祭先肺。溫風始至，蟋蟀居壁，鷹乃學習，腐草為螢。

　　溫風以下皆記時候也，蟋蟀，促織也，居壁，羽未成也，成則在野矣，學習，謂攫搏也。

　　天子居明堂右个，乘朱路，駕赤騮，載赤旗，衣朱衣，服赤玉。食菽與雞，其器高以粗。

　　右个，南三室之西室也，亦曰右塾。

　　命漁師伐蛟取鼉，登龜取黿。命澤人納材葦。

　　漁師蓋舟鮫，掌舟而兼取魚，與漁人聯職者，蛟能為害，故伐之，龜可供卜，曰登，尊之也，鼉皮可冒鼓，與黿皆羞物也，澤人，澤虞之屬，材葦，葦可為材用者。

　　是月也，命四監大合百縣之秩芻，以養犧牲。令民無不咸出其力，以共皇天上帝名山大川四方之神，以祠宗廟社稷之靈，以為民祈福。

四監即秦之監御史，監國之四野者，後有天下，遂每郡設監焉，秩，常也，有常數也。

是月也，命婦官染采，黼黻文章，必以法故，無或差貸。黑黃倉赤，莫不質良，毋敢詐偽，以給郊廟祭祀之服，以為旗章，以別貴賤等給之度。

《周官‧染人》以士人為之，此言婦官，蓋亦秦制也，法，造為之方，故，舊典也，貸同忒，質，正也，等給之，給當作級，傳寫誤也，《呂氏春秋》作級。

是月也，樹木方盛，乃命虞人入山行木，毋有斬伐。不可以興土功，不可以合諸侯，不可以起兵動眾，毋舉大事，以搖養氣。毋發令而待，以妨神農之事也。水潦盛昌，神農將持功，舉大事則有天殃。

行，巡視也，養氣，蓋如《夏小正》養日養夜，謂陽氣之極盛者，《呂氏春秋》作搖盪於氣，發令而待，蓋謂徵召而未及事，事使民久待也，待，《呂氏春秋》作干，時神農謂先嗇，其事即農事也，重其事，故神之耳，持猶操，作也，《呂氏春秋》作巡，皆言時當農功勤動，不可二事也

是月也，土潤溽暑，大雨時行，燒薙行水，利以殺草，如以熱湯。可以糞田疇，可以美土疆。

潤，濕也，溽，濃厚也，土潤溽暑，言土多黴濕，而暑氣極盛也，時行，雨急而流速，且不擇時而易雨也，燒薙行水，言治萊田之法，薙，芟艸也，既薙而又燒之，又以大雨時行之水漬之於赤日之中，則其水熱湯而利以殺萊地之艸，皆使腐爛，且化強□之地為肥美也，糞猶壅也，疆強□之地。

季夏行春令，則穀實鮮落，國多風咳，民乃遷徙。行秋令，則丘隰水潦，禾稼不熟，乃多女災。行冬令，則風寒不時，鷹隼蚤鷙，四鄙入保。

鮮落謂鮮少且墮落，由風多也，欬，嗽也，風欬，因風而多欬疾也，遷徙，流散也，丘隰，謂高下之地，女災，妊孕多敗也。

中央土。

土居中央，寄旺四季，而次其序於夏末秋初，舉其相生相嬗者言也，不言盛德，雜寄不專一時，故亦無可迎也。

其日戊巳。

戊陽巳陰，當十日之中，皆土行之日也。

其帝黃帝。

黃，中色，土之正色也，故為黃帝，軒轅氏以土德王天下，沒以為號，因亦祀於南方，以配其帝焉。

其神后土。

後，君也，后土猶言為土之主也，共工氏之子句龍，以土正治天下，沒亦以為號，因亦祀於社，以配其神焉。

其蟲倮

倮，露也，人為萬物之靈，聖人為之長。

其音宮。

聲始於宮，宮數八十一，屬工者，以其最濁，君之象也，四時皆和則宮聲調，宮亂則荒，其君驕。

律中黃鐘之宮。

此說非也，律法以十二管應十二辰，即云管有五音，亦其管之音耳，季夏之月，律中林鍾，則雖土，中宮音亦止中林鍾之宮耳，凡十二管之宮，皆其所中，又何必拘拘於黃鐘耶？蓋土本雜寄，非有專辰之令，自無專管之律，焉能究其專所中乎？如必欲於六十調中指一音為土之所中，則金木水火又可捨其本辰之管，而各指一商角徵羽為其所中乎？是時遊士好為虛說，而不核實理之不通，大都如此。

其數五。

此以土之本生數言也，不言成數，萬物皆成於土也。

其味甘，其臭香。

土之味臭，凡甘香者皆屬焉。

其祠中溜，祭先心。

中溜謂大室之中南近牖之處，土主中央，而神在室，古者復穴，是以名室為溜，祀中溜之禮，設主於牖下，乃制心及肺肝為俎，其祭肉、心、肺、肝各一，如祀戶之禮，心屬火。

天子居大廟大室。

大廟猶云大寢，即路寢也，大室，環列十二室內之中五室也，中為大室，前為堂、後為閽、右為西夾、左為東夾，此記亦未別白，蓋天子以大寢為正寢，

其十二室分月居之，以為朝夕聽政之所，其燕息則於大室，故燕禮於堂，昏禮於奧，而《書》之《顧命》則牖間、西夾皆南向之處也，然則居必主奧，即大室也，閒宴即居之，亦非有時有月可別也，僅繫以中央土，誰能辨之。

乘大路，駕黃騮，載黃旗，衣黃衣，服黃玉。

周制以玉路為大路，當駕六馬，此殆非周之玉輅也，不言色，蓋亦以黃也，騮之黃赤，亦以色之淺深為別。

食稷與牛，其器圜以閎。

稷為五穀之長，牛，土畜，閎，中寬也，按地雖有五行，而天止分四時，記者橫加中央土一節，無可附麗而強為派別，類多不詞，然後知四時迎氣及五時服物器用之別，皆當時鄒衍等推衍終始五德臆決之談、磯祥之學，非三代所有也，三代盛時，朝祭喪戎，禮各有義，未嘗不順時布令，然豈沾沾候氣辨色之末哉。

孟秋之月，日在翼，昏建星中，旦畢中。

自立秋節始至處暑中之末，謂之孟秋，月建申之辰，翼，鶉尾之次也，今立秋節日在柳七度，處暑中日在星五度，立秋節昏箕中、旦奎中，處暑中昏斗中、旦婁中。

其日庚辛。

庚陽辛陰，皆金行之日也。

其帝少皞。

皞言少者，秋氣肅爽，於廣大之中有斂翕之意，視春之舒暢為小也，金天氏以金德王天下，沒以為號，因亦祀於西方，以配其帝焉。

其神蓐收。

蓐收者，其時萬物皆摧辱收斂也，少皞氏之裔子曰該，以金正佐帝治天下，沒亦以為號，因亦祀於西方，以配其神焉。

其蟲毛。

毛，走獸之屬，麟為之長。

其音商。

三分徵益一以生商，商數七十二，屬金，象臣，其濁次宮，秋氣和則商聲調，商亂則陂，其官壞。

律中夷則。

夷則大呂所生，三分去一，律長五寸七百二十七分寸之四百五十一。

其數九。

金生數四，加土數五為成數，故數九也

其味辛，其臭腥。

金之味臭，凡辛腥者凡〔註1〕屬焉。

其祀門，祭先肝。

門，外大門也，雙而內閉，人在外，必由門入，象秋陰之氣內斂，故秋祀之，祀門之禮，北面設主於門左樞，乃制肝及肺心為俎，奠於主南，又設盛於俎東，其他皆如祭竈之禮，肝屬木。

涼風至，白露降，寒蟬鳴。鷹乃祭鳥，用始行戮。

皆記時候也，寒蟬即寒蜩，青赤色，似蟬而小，一名啞蟬，至秋乃鳴，鷹初殺鳥而未食，似人之當食必祭，示有先也，既祭而戮，與豺祭獸戮禽同。

天子居總章左個

總章，宮中十二室之西三室總名也，左個，西三室之南室也，直畢門之西，亦名西廂。

乘戎路，駕白駱，載白旗，衣白衣，服白玉。

戎路，兵車也，此戎路殆亦非周之革路，不言色，或亦以白也，白馬黑鬣曰駱。

食麻與犬，其器廉以深。

麻實有文理，犬，金畜，廉有棱也。

是月也，以立秋。先立秋三日，大史謁之天子曰：某日立秋，盛德在金。天子乃齊。立秋之日，天子親帥三公、九卿、諸侯、大夫，以迎秋於西郊。還反，賞軍帥武人於朝。

武人，勇力之士。

天子乃命將帥，選士厲兵，簡練桀俊，專任有功，以征不義。詰誅暴慢，以明好惡，順彼遠方。

詰，責問也，順猶服也。

〔註1〕依前文語式，凡字當為皆字。

是月也，命有司修法制，繕囹圄，具桎梏，禁止奸，慎罪邪，務搏執。命理瞻傷，察創，視折，審斷。決獄訟，必端平。戮有罪，嚴斷刑。天地始肅，不可以贏。

皆順秋氣，尚嚴也，理，治獄官名，皮曰傷，肉曰創，骨曰折，端猶正也，贏，寬饒之意。

是月也，農乃登穀。天子嘗新，先薦寢廟。

穀以稷為長，稷於是始熟也。

命百官，始收斂。完堤防，謹壅塞，以備水潦。修宮室，壞牆垣，補城郭。

亦順秋氣，事收斂也，壞，修破壞也。

是月也，毋以封諸侯、立大官。毋以割地、行大使、出大幣。

亦皆順時斂嗇之意。

孟秋行冬令，則陰氣大勝，介蟲敗穀，戎兵乃來。行春令，則其國乃旱，陽氣復還，五穀無實。行夏令，則國多火災，寒熱不節，民多瘧疾。

介蟲敗穀，如稻蟹不遺種之類。

仲秋之月，日在角，昏牽牛中，旦觜巂中。

自白露節始至秋分中之末，謂之仲秋，月建酉之辰，角，東方之宿，壽星之次也，今白露節日在張十二度，秋分中日在翼八度，觜巂，西方之宿，今白露節昏河鼓中、旦昴中，秋分中昏亦河鼓中、旦五車中。

其日庚辛，其帝少皞，其神蓐收。其蟲毛。其音商，律中南呂。

南呂者，大蔟所生，三分去一律，長五寸，三分寸之一。

其數九。其味辛，其臭腥。其祀門，祭先肝。盲風至，鴻雁來，玄鳥歸，群鳥養羞。

盲風至以下皆記時候也，盲風，疾風也，鴻鴈，隨陽之鳥，故其春秋南北皆以來言之，歸謂去蟄也，養羞或云養羽毛以禦寒，或云養所美之食以備藏，或云人取之以為養羞，未審孰是。

天子居總章大廟，乘戎路，駕白駱，載白旗，衣白衣，服白玉，食麻與犬，其器廉以深。

大廟，西三室之正西中室也，外直宮之西門，內直廷之碑。

是月也，養衰老，授几杖，行糜粥飲食。

行，用也，用以養老也，糜粥即《周官》六飲中醫酏之屬。

乃命司服，具飭衣裳，文繡有恆，制有小大，度有長短。衣服有量，必循其故，冠帶有常。

文即繪也，故，舊典也，冠帶非司服之職，而亦混言之，秦於禮事非所究也。

乃命有司，申嚴百刑，斬殺必當，毋或枉橈。枉橈不當，反受其殃。

枉謂違法曲斷，橈謂有理不申。

是月也，乃命宰祝，循行犧牲，視全具，案芻豢，瞻肥瘠，察物色。必比類，量小大，視長短，皆中度。五者備當，上帝其饗。

展牲本君之事，僅命宰祝，亦秦制也。

天子乃難，以達秋氣。

恐有釁暑未盡，故儺以除之。

以犬嘗麻，先薦寢廟。

麻始熟也。

是月也，可以築城郭，建都邑，穿竇窖，修囷倉。

築建於秋，是為非時，蓋亦記者臆說，穴土以藏物，隋〔註2〕者曰竇，方者曰窖。

乃命有司，趣民收斂，務畜菜，多積聚。

為禦冬之備。

乃勸種麥，毋或失時。其有失時，行罪無疑。

麥為接續絕乏之穀，故尤重之。

是月也，日夜分，雷始收聲。蟄蟲壞戶，殺氣浸盛，陽氣日衰，水始涸。

亦記時候也，壞，益也，使通行處稍小也。

日夜分，則同度量，平權衡，正鈞石，角斗甬。

鈞，三十斤也，義與春分同。

〔註2〕當為墮字。

是月也，易關市，來商旅，納貨賄，以便民事。四方來集，遠鄉皆至，則財不匱，上無乏用，百事乃遂。

易，輕也，輕其稅，所以利商旅而來之也，遂猶成也。

凡舉大事，毋逆大數，必順其時，慎因其類。

大事若興土功、合諸侯、舉兵眾也，逆大數，若時屈舉盈也，記者之意則謂孤虛旺相之屬。

仲秋行春令，則秋雨不降，草木生榮，國乃有恐。行夏令，則其國乃旱，蟄蟲不藏，五穀復生。行冬令，則風災數起，收雷先行，草木蚤死。

榮，花也，行，動也，蓋如雷之復，而先動於地上也。

季秋之月，日在房，昏虛中，旦柳中。

自寒露節始至霜降中之末，謂之季秋，月建戌之辰，房，東方之宿，大火之次也，今寒露節日在軫六度，霜降中日在角八度，虛，北方之宿，今寒露節昏牽牛中、旦參中，霜降中昏虛中、旦南河中。

其日庚辛。其帝少皞，其神蓐收。其蟲毛。其音商，律中無射。

無射者夾鍾所生，三分去一，律長四寸六千五百八十一分寸之六千五百二十四。

其數九。其味辛，其臭腥。其祀門，祭先肝。鴻雁來賓，爵入大水為蛤。鞠有黃華，豺乃祭獸戮禽。

鴻雁來賓以下皆記時候也，鴻雁來，加言賓者，仲秋始自北而來，至季秋則旅遷而南，如賓客也。

天子居總章右个，乘戎路，駕白駱，載白旗，衣白衣，服白玉。食麻與犬，其器廉以深。

右个，西三室之北室也，直堂序之西，亦名西序。

是月也，申嚴號令。命百官貴賤無不務內，以會天地之藏，無有宣出。

會，聚也，宣，散也、露也。

乃命冢宰，農事備收，舉五穀之要。

備猶盡也，要，多少之總數，舉之所以制國用也。

藏帝藉之收於神倉，祗敬必飭。

帝藉，供上帝及宗廟之籍田，即千畝也。

是月也，霜始降，則百工休。

寒則膠漆之作不堅好也。

乃命有司曰：寒氣總至，民力不堪，其皆入室。

總，聚也，命有司，令民入室也。

上丁，命樂正入學習吹。

吹，竽笙之屬，習吹即《周官》合聲也。

是月也，大饗帝、嘗，犧牲告備於天子。

大饗帝蓋即旅上帝也，嘗，秋祭名，當於孟仲月，書於季秋亦誤。

合諸侯，制百縣，為來歲受朔日，與諸侯所稅於民輕重之法，貢職之數，以遠近土地所宜為度，以給郊廟之事，無有所私。

合，會也，制，裁斷也，此內外之別，受朔本來歲之事，因此秋之合制而豫飭之，且使來春因度數之法而入貢也。

是月也，天子乃教於田獵，以習五戎，班馬政。

五戎即《周官》戎路、廣車、蘋車、輕車、闕車之萃也，馬政，齊馬力之政，與仲夏異，此以御為主也。

命僕及七騶咸駕，載旌旄，授車以級，整設於屏外。司徒搢撲，北面誓之。

僕，戎僕及御夫也，七騶謂趣馬，主為諸官駕說者，蓋僕主車、騶主馬而駕，則聯事也，載旌旄，以為表識也，蓋亦統九旗而言，授車以級，即駕說之班，凡乘從車者，各有貴賤之級也，整，正列也，設，陳也，屏，田時門外之蔽，如宮中之屏也，誓，誓徒眾也。

天子乃厲飾，執弓挾矢以獵，命主祠祭禽於四方。

厲飾，謂戎服尚威武也，主祠，典祭祀者，祭禽四方，即祀祊也。

是月也，草木黃落，乃伐薪為炭。蟄蟲咸俯在內，皆墐其戶。

俯，垂頭也，墐，塗閉之，避殺氣也。

乃趣獄刑，毋留有罪。收祿秩之不當、供養之不宜者。

供養，有司供之以致養者，不當、不宜，皆濫也。

是月也，天子乃以犬嘗稻，先薦寢廟。

稻始熟也。

季秋行夏令，則其國大水，冬藏殃敗，民多鼽嚏。行冬令，則國多盜賊，邊境不寧，土地分裂。行春令，則暖風來至，民氣解惰，師興不居。

鼽，鼻塞也，解，古懈字。

孟冬之月，日在尾，昏危中，旦七星中。

自立冬節始至小雪中之末，謂之孟冬，月建亥之辰，尾，析木之次也，今立冬節日在氐二度，小雪中日在氐十七度，又立冬節昏危中、旦輿鬼中，小雪中昏北落師門中、旦軒轅中。

其日壬癸。

壬陽癸陰，皆水行之日也。

其帝顓頊。

顓，專也，頊，信也，蓋堅確之意，皆言陽德內斂，而能不失其常也，高陽氏以水德王天下，沒以為號，因亦祀於北方，以配其帝焉。

其神玄冥。

玄，幽黑之色，冥，暗也，其時萬物閉藏，無可形色，凝靜之至也，少皡氏之二子修及熙，以水正佐帝治天下，沒以為號，因亦祀於北方，以配其神焉。

其蟲介。

介，甲也，水居陸生，龜為之長。

其音羽。

三分商去一以生羽，羽數四十八，屬水，象物，聲極清，冬氣和則羽聲調，羽亂則危，其財匱。

律中應鍾。

應鍾者，姑洗所生，三分去一，律長四寸二十七分寸之二十。

其數六。

水生數一，加土數五為成數，故六也。

其味鹹，其臭朽。

水之味臭，凡鹹朽者皆屬焉。

其祀行，祭先腎。

行，在廟門外之西為軷壇，厚三寸、廣五尺、輪四尺，祀行之禮，北面設主於軷上，乃制腎及脾為俎，奠於主南，又設盛於俎東，祭肉、腎一、脾再，其他如祀門之禮，行一作井，腎屬水。

水始冰，地始凍。雉入大水為蜃。虹藏不見。

皆記時候也，蜃，大蛤。

天子居玄堂左個。

玄堂，宮中十二室之北三室總名也，左個，北三室之西室也，直大室西夾之外墉，亦名西房。

乘玄路，駕鐵驪，載玄旗，衣黑衣，服玄玉。

鐵驪，色黑如鐵也

食黍與彘，其器閎以奄。

彘，水畜，奄，深藏也。

是月也，以立冬。先立冬三日，太史謁之天子曰：某日立冬，盛德在水。天子乃齊。立冬之日，天子親帥三公、九卿、大夫以迎冬於北郊，還反，賞死事，恤孤寡。

死事，死國事者，孤寡，其妻子也，賞之外又有恤，故分言也。

是月也，命大史釁龜策，占兆審卦吉凶，是察阿黨，則罪無有掩蔽。

史當作卜，誤也，龜筴之釁，非大史事，《呂氏春秋》作卜，占兆、審卦，歲事之常卜筮也，阿，曲承也，黨，附私也，皆指卜筮言，掩蔽，謂欺匿不實，如本凶而詭云吉也。

是月也，天子始裘。

始加裘服，寒日盛也。

命有司曰：天氣上騰，地氣下降，天地不通，閉塞而成冬。

氣言上騰下降，亦非也，陰盛則氣嚴凝靜一耳，又豈或上或下乎？此讀《易大傳》不熟而反自蔽也。

命百官謹蓋藏。命司徒循行積聚，無有不斂。壞城郭，戒門閭，修鍵閉，慎管籥，固封疆，備邊竟，完要塞，謹關梁，塞徯徑。

鍵，《呂氏春秋》作楗，即門中樹木加鐶，扣以閉門者，管籥，今鎖匙也，徯與蹊同。

飭喪紀，辨衣裳，審棺槨之薄厚，塋丘壟之大小、高卑、厚薄之度，貴賤之等級。

非有喪事，豈能憑虛辨審，而亦順時飭正之乎？此亦拘時令之故也，塋與營同度也，《呂氏春秋》作營。

是月也，命工師效功，陳祭器，按度程，毋或作為淫巧以蕩上心。必功致為上。物勒工名，以考其誠。功有不當，必行其罪，以窮其情。

效，呈也，致，古致字，功致，加功而密緻也，勒，刻也，功不當取材美而器不良也；作為，字當刪。

是月也，大飲烝。

烝本冬祭名，此以大飲為之，蓋亦秦制，有其名而非其事也，天子鄉學，行飲酒之禮，名曰大飲，或曰烝俎，實然既言大飲，則燕與鄉飲固無不設折俎，何庸贅也。

天子乃祈來年於天宗，大割祠於公社及門閭。臘先祖五祀，勞農以休息之。

天宗即上帝也，為天神之宗主，故謂之天宗，割，殺牲也，大割謂用太牢；公社，國社也，門謂國門，閭，鄉中之閭也，臘，獵禽以祭也，五祀，門、戶、竈、井、中溜也，勞農休息，即黨正屬民於序而飲酒也，蔡邕云夏曰清祀，殷曰嘉平，周曰蠟，秦曰臘，《周官·鑰章》國祭蠟，吹《邠頌》、擊土鼓，以息老物，亦是也。

天子乃命將帥講武，習射御角力。

此即大閱之禮，蓋記者約舉云然。

是月也，乃命水虞漁師，收水泉池澤之賦。毋或敢侵削眾庶兆民，以為天子取怨於下。其有若此者，行罪無赦。

水虞即澤虞也，舟師主登魚，故亦名漁師，眾、庶字複沓，當刪。

孟冬行春令，則凍閉不密，地氣上泄，民多流亡。行夏令，則國多暴風，方冬不寒，蟄蟲復出。行秋令，則雪霜不時，小兵時起，土地侵削。

不時，不能乘時而降也。

仲冬之月，日在斗，昏東壁中，旦軫中。

自大雪節始至冬至中之末，謂之仲冬，月建子之辰，斗，南斗也，北方之宿，星紀之次也，今大雪節日在尾一度，冬至中日在箕一度，東壁，北方之

宿，軫，南方之宿，今大雪節昏營室中、且翼中，冬至中昏土司空中、且五帝座中。

其日壬癸。其帝顓頊，其神玄冥。其蟲介。其音羽，律中黃鐘。

黃鐘為十二律之始，長九寸。

其數六。其味鹹，其臭朽。其祀行，祭先腎。冰益壯，地始坼。鶡旦不鳴，虎始交。

冰益壯以下皆記時候也，坼，凍甚而裂也，鶡旦，夜鳴求旦之鳥。

天子居玄堂大廟，乘玄路，駕鐵驪，載玄旗，衣黑衣，服玄玉。食黍與彘，其器閎以奄。

大廟，北三室之正北中室也，外直宮之北門，內直閎。

飭死事。

死事，喪事也，文義與上飭喪紀同，嫌復出，此句《呂氏春秋》所無，當刪。

命有司曰：土事毋作，慎毋發蓋，毋發室屋，及起大眾，以固而閉。地氣且泄，是謂發天地之房，諸蟄則死，民必疾疫，又隨以喪。命之曰暢月。

而猶汝也，沮，《呂氏春秋》作且，當從之，喪，死亡也，暢，充也，盛陰用事，微陽尤宜，閉藏堅固，以自充實，不可少有發洩也。

是月也，命奄尹，申宮令，審門閭，謹房室，必重閉。省婦事毋得淫，雖有貴戚近習，毋有不禁。

奄尹，寺人之長，省，察也，婦事，女功也，毋得淫，務在質素，慮啟奢偽也，近習，所親幸者，此本周宰夫及內宰之職，秦乃專任奄寺耳。

乃命大酋，秫稻必齊，麴糵必時，湛熾必潔，水泉必香，陶器必良，火齊必得，兼用六物。大酋監之，毋有差貸。

酒熟曰酋，大酋即酒正也，秫稻，糯稻也，湛，漬也，熾，炊也，火齊，生熟之調也，物猶事也。

天子命有司祈祀四海大川名源淵澤井泉。

凡物之生皆始於水，此亦息今歲之勞，而兼為來歲祈也，其尊親下於天祖等神，故在仲月。

禮記卷六　月令

是月也，農有不收藏積聚者、馬牛畜獸有放佚者，取之不詰。

詰，責問也，不詰，以警遊惰，急收斂也。

山林藪澤，有能取蔬食、田獵禽獸者，野虞教道之；其有相侵奪者，罪之不赦。

務收斂野物也，艸木之實為蔬食。

是月也，日短至。陰陽爭，諸生蕩。君子齊戒，處必掩身。身欲寧，去聲色，禁耆欲。安形性，事欲靜，以待陰陽之所定。

爭者陰方盛，陽欲起也，蕩，動也，諸生蕩，一陽初生，則凡物之生意皆動也，餘與仲夏日長至互相發。

芸始生，荔挺出，蚯蚓結，麋角解，水泉動。

又記時候也，芸，香艸，荔，馬薤也，挺，拔也，結，屈也，首順陽而向上也，麋，陰獸，鹿生於山，麋生於澤。

日短至，則伐木，取竹箭。

因其堅成之時。

是月也，可以罷官之無事、去器之無用者。

無事、無用之罷去，豈待月乎？此亦拘於時令之謬也。

塗闕廷門閭，築囹圄，此所以助天地之閉藏也。

闕廷門閭，塗法未詳，蓋亦迂曲之說。

仲冬行夏令，則其國乃旱，氛霧冥冥，雷乃發聲。行秋令，則天時雨汁，瓜瓠不成，國有大兵。行春令，則蝗蟲為敗，水泉咸竭，民多疥癘。

雨雪雜下曰汁。

季冬之月，日在婺女，昏婁中，旦氐中。

自小寒節始至大寒中之末，謂之季冬，月建丑之辰，婺女，玄枵之次也，今小寒節日在斗七度，大寒中日在斗二十二度，婁，西方之宿，氐，東方之宿，今小寒節昏婁中、旦角中，大寒中昏胃中、旦亢中。

其日壬癸。其帝顓頊，其神玄冥。其蟲介。其音羽，律中大呂。

大呂者，蕤賓所生，三分益一，律長八寸二百四十三分寸之百四。

其數六。其味鹹，其臭朽。其祀行，祭先腎。雁北鄉，鵲始巢。雉雊，雞乳。

鴈北鄉以下皆記時候也。

天子居玄堂右个。乘玄路，駕鐵驪，載玄旗，衣黑衣，服玄玉。食黍與彘，其器閎以奄。

右个，北三室之東室也，直大室東夾之外墉，亦名東房。

命有司大難，旁磔，出土牛，以送寒氣。

大難，無處不儺也，旁，四方也，土勝，水牛善耕，故出之以送寒氣，且為來歲農事告始也。

征鳥厲疾。

征鳥，題肩也，齊人謂之擊征，鷹之別名，厲，嚴猛也，疾，捷速也，時殺氣極也，此蓋雞乳下脫句。

乃畢山川之祀，及帝之大臣，天之神祇。

以歲行一終，徧報大小神祇也，帝即五帝，大臣如句芒之屬，天之神祇，凡天下諸神祇也，此又山川神祇之小者，故祀於季月。

是月也，命漁師始漁，天子親往，乃嘗魚，先薦寢廟。

親往，亦習水師也，如後世冰戲之屬。

冰方盛，水澤腹堅。命取冰，冰以入。

腹猶裏也，入，入凌室也。

令告民，出五種。命農計耦耕事，修耒耜，具田器。

五種，五穀之種，出，以簡擇之也，農，農官，計猶合也。

命樂師大合吹而罷。

罷，散歸學士也。

乃命四監收秩薪柴，以共郊廟及百祀之薪燎。

大者分析為薪，小者合束為柴，薪供炊爨，柴以給燎，秩薪柴，猶秩芻也。

是月也，日窮於次，月窮於紀，星回於天。數將幾終，歲且更始。專而農民，毋有所使。

次，舍也，紀，會也，日之周天分為十二次，月之合朔亦止十二會也，回，轉也，轉復舊處也，專，一也，而猶汝也，使，使給他役也，言當重農，不可使失業也。

天子乃與公、卿、大夫，共飭國典，論時令，以待來歲之宜。

為正月當布令故也，此即《周官》始和之意。

乃命太史次諸侯之列，賦之犧牲，以共皇天、上帝、社稷之饗。

列尊卑之爵、遠近之差，所以為職貢之輕重者。

乃命同姓之邦，共寢廟之芻豢。

芻豢即犧牲也。

命宰歷卿大夫至於庶民土田之數，而賦犧牲，以共山林名川之祀。

宰，小宰也，歷猶次也。

凡在天下九州島島島島之民者，無不咸獻其力，以共皇天、上帝、社稷、寢廟、山林、名川之祀。

此總上四節，言其賦實皆出於民也。

季冬行秋令，則白露早降，介蟲為妖，四鄙入保。行春令，則胎夭多傷，國多固疾，命之曰逆。行夏令，則水潦敗國，時雪不降，冰凍消釋。

固疾，生不充性，成久疾也。

禮記卷七　曾子問

　　禮以別嫌，明微通變於事，無不曲當為貴，然事不恒有者，其禮亦未易詳，曾子有疑則問，正以窮理而日進於德，乃實學也，門人因其問而詳記之，故以曾子問名篇。

　　曾子問曰「君薨而世子生，如之何？」孔子曰「卿大夫士從攝主，北面，於西階南。大祝裨冕，執束帛，升自西階盡等，不升堂，命毋哭。祝聲三，告曰『某之子生，敢告。』升，奠幣於殯東几上，哭降。眾主人卿大夫士，房中，皆哭不踴。盡一哀，反位。遂朝奠。小宰升舉幣。三日，眾主人卿大夫士，如初位，北面。大宰大宗大祝皆裨冕。少師奉子以衰，祝先，子從，宰宗人從。入門，哭者止。子升自西階，殯前北面，祝立於殯東南隅。祝聲三，曰『某之子某，從執事，敢見。』子拜稽顙哭。祝、宰、宗人，眾主人，卿大夫士，哭踴三者三，降，東反位。皆袒，子踴，房中亦踴感謝者三，襲衰，杖，奠出。大宰命祝史，以名遍告於五祀山川。

　　攝主，上卿貴戚，攝君位者即大宰也；裨冕，麻冕、玄衣也，大祝以子生吉事告神，故獨衣祭服，攝主及卿、大夫、士皆衰，可知也；束帛，十端也，以丈八尺為一端，十端則六玄四纁；聲，作聲也，聲三，三作聲也，噫歆以警神，若使神聞之某夫人之氏也；殯東几上，則牖間南向之幾也；眾主人，同姓諸父昆弟也；房中，婦人也；反位，反朝夕哭位也；《喪大記》既正尸哭位，卿大夫、父兄子姓於東方，有司庶士於堂下，內命婦、姑姊妹子姓於西方，外命婦帥外宗於堂上，皆北面；舉幣，舉而下埋之階間；三日，負子日也；如初，如告生子時；子某，子名也；每踴三度為一節，如此這三，故云三者三也；降，

－135－

東降自西階而東也；襲，踴畢而襲也；奠，朝奠也。

曾子問曰「如已葬而世子生，則如之何？」孔子曰「大宰大宗從大祝而告於禰。三月，乃名於禰，以名遍告及社稷宗廟山川。」

既葬，迎精而反，雖在殯宮，即以禰稱之神之也；三月則已祔矣，不云名於所祔者，義以名禰為主也，亦容有大祫而祔祖已遷之事。

孔子曰「諸侯適天子，必告於祖，奠於禰。冕而出視朝，命祝史告於社稷宗廟山川。乃命國家五官而後行，道而出。告者五日而遍，過是非禮也。凡告用牲幣，反亦如之。諸侯相見，必告於禰，朝服而出視朝，命祝史告於五廟，所過山川；亦命國家五官，道而出。反必親告於祖禰，乃命祝史告至於前所告者，而後聽朝而入。」

告用牲幣，不饋食也；奠有饋食，猶無尸，禰獨加奠，異於告親廟故也；視朝用冕，重王事也，國家，國之有家者，五官、五大夫也，有家者卿尊而大夫卑，言大夫則卿可知也；命，敕之以其職也，道即軷也，以祭行道之神，故又名道；徧猶限也，既告，則遲至五日必行過，為久留非禮也；諸侯相見，則事下於朝王，且道理或近，故其禮差降，但告於禰，且即朝服視朝，又社稷不告，非所過山川不告也；反必親告，明出時有不及親告也，不言問，因上文或省文也。

曾子問曰「並有喪，如之何？何先何後？」孔子曰「葬，先輕而後重；其奠也，先重而後輕，禮也。自啟及葬，不奠，行葬不哀次，反葬奠，而後辭於殯，遂修葬事。其虞也，必重而後輕，禮也。」

並，謂父母喪，朝夕奠；不奠，不及奠也，謂母之朝夕奠，以務於當葬故也；次，在大門外之右，平生待賓之處，柩車出門至次，則孝子悲哀，柩車少停；今以父喪在殯為重，故不哀也；奠，父之朝奠也，辭，告也，殯謂未啟之殯，反葬乃奠，並告啟殯之期於殯前也；虞與奠類，故亦先重後輕。

孔子曰「宗子雖七十，無無主婦，非宗子，雖無主婦可也。」

此士所以有繼娶之禮，然亦惟士卑，媵妾不具乃爾；天子、諸侯有繼室，祭事則宗伯攝事，無再娶之禮也；凡無問而稱孔子曰，皆記者省文，或有失問也。

曾子問曰「將冠子，冠者至，揖讓而入，聞齊衰大功之喪，如之何？」孔子曰「內喪則廢，外喪則冠而不醴，徹饌而掃，即位而哭。如

冠者未至，則廢。如將冠子而未及期日，而有齊衰、大功、小功之喪，則因喪服而冠。

冠者，謂賓及贊者；內喪，同門也，外喪亦門內之喪，特以不在本國，故喪自外而來赴也；不醴，不醴子也；饌，待賓贊之饌也；埽，掃除冠之舊位，使潔清也；即位而哭，以喪不在本國，一時無可奔哭，故為位而哭也；廢吉禮，而因喪冠俱成人之服也，未及期日，又有因喪而冠之禮者，蓋冠禮不得年過二十也，若無故未及二十而冠，又衰世之愿禮也。

除喪不改冠乎？孔子曰「天子賜諸侯大夫冕弁服於大廟，歸設奠，服賜服，於斯乎有冠醮，無冠醴。父沒而冠，則已冠掃地而祭於禰；已祭，而見伯父、叔父，而後饗冠者。」

改冠，謂仍用吉禮冠也，未仕服止玄冠；諸侯冕，大夫弁，皆謂已冠而天子又賜之冕、弁者；大廟，天子之大廟也；醮用酒，冠禮醴重而醮輕，此服賜服，酌用酒，尊賜也；無冠醴，明不改冠也；酌而無酬酢曰醮，加冠之賓以體禮冠者曰體，諸侯大夫受天子之冕弁服，則歸設奠於廟，本無加冠之賓，惟酌醮以榮君賜也；賜冠與喪冠相似，則其不改同，故引類以明之。冠子本為父者之事，但年幼而父沒，冠不可廢，故又推類言之；饗即禮之也。

曾子問曰「祭如之何則不行旅酬之事矣？」孔子曰「聞之小祥者，主人練祭而不旅，奠酬於賓，賓弗舉，禮也。昔者，魯昭公練而舉酬行旅，非禮也；孝公大祥，奠酬弗舉，亦非禮也。」

旅，旅酬也，酬賓者，主人也，主人酢賓，但奠之而已，賓弗舉，不更舉以酢長兄弟，是不旅酢也；喪祭奠無尸，虞不致爵，小祥小旅酢，大祥無無〔註1〕算爵，彌吉也；孝公，隱公祖父，孝公言亦於禮為過哀也。

曾子問曰「大功之喪，可以與於饋奠之事乎？」孔子曰「豈大功耳！自斬衰以下皆可，禮也。」曾子曰「不以輕服而重相為乎？」孔子曰「非此之謂也。天子、諸侯之喪，斬衰者奠；大夫，齊衰者奠；士則朋友奠；不足，則取於大功以下者；不足，則反之。」

饋奠，謂在殯時朝夕等奠也，曾子之意是問己有大功喪，而饋奠於他人殯所者，意未明晰，故孔子據為服者言之，曾子不解此意，故仍以輕己服而重為他人問也；非此之謂，言非為他人，乃為臣者之本服也。天子、諸侯，斬衰者

〔註1〕按，此處衍「無」字。

奠，皆謂異姓臣服斬衰者；大夫齊衰者奠，亦其臣斬衰者不足，而後取於齊衰也，此齊衰蓋謂同宗服齊衰三月者；士則朋友不足，始取小功兄弟，亦猶大夫之取於齊衰者也；反，復也，復取前執事者充之，終不使親者執事，以間其哀也。

曾子問曰「小功可以與於祭乎？」孔子曰「何必小功耳！自斬衰以下與祭，禮也。」曾子曰「不以輕喪而重祭乎？」孔子曰「天子、諸侯之喪祭也，不斬衰者不與祭；大夫，齊衰者與祭；士，祭不足，則取於兄弟大功以下者。」

輕喪重祭，猶疑為他人也；大夫齊衰與祭，以異姓臣不能多也；士祭不足，亦謂朋友之助喪祭者少也。

曾子問曰「相識，有喪服可以與於祭乎？」孔子曰「緦不祭，又何助於人。」

有喪服，謂己有喪服也；與祭，謂助相識者祭也。

曾子問曰「廢喪服，可以與於饋奠之事乎？」孔子曰「說衰與奠，非禮也；以擯相可也。」

廢喪服，新除喪服也；非禮，言忘哀速也；曾子之意，以己新除喪服，於吉祭固不可凶事相因，或可助奠也；擯相非行事之正，禫服中或可為之，其他吉凶之事，必己先吉祭，而後為人執事也。

曾子問曰「昏禮既納幣，有吉日，女之父母死，則如之何？」孔子曰「婿使人弔。如婿之父母死，則女之家亦使人弔。父喪稱父，母喪稱母。父母不在，則稱伯父世母。婿，已葬，婿之伯父致命女氏曰『某之子有父母之喪，不得嗣為兄弟，使某致命。』女氏許諾，而弗敢嫁，禮也。婿，免喪，女之父母使人請，婿弗取，而後嫁之，禮也。女之父母死，婿亦如之。」

吉日，取女之吉日也；使人弔，未成兄弟也；稱父、稱母，禮各以其敵者也；致命者，不敢以累年之喪使人失嘉會之期也；夫婦有兄弟之意，為兄弟猶成夫婦也；使人請，請昏期也；婿弗取，不忍遽從吉也，而後嫁之者，俟婿吉祭，女氏乃嫁之也。

曾子問曰「親迎，女在塗，而婿之父母死，如之何？」孔子曰「女改服布深衣，縞總以趨喪。女在塗，而女之父母死，則女反。」

改服，改嫁服也，昏禮攝盛，士妻用次純衣，純衣即褖衣也；布深衣，婦人始喪，未成服之服，深衣言布異，用絲也，衣裳相連，前後深邃曰深衣，縞，白絹也，總，束髮也，長八寸；如反奔父母喪，亦布深衣，縞總，服期。

「如婿親迎，女未至，而有齊衰大功之喪，則如之何？」孔子曰「男不入，改服於外次；女入，改服於內次；然後即位而哭。」

不聞喪即改服者，昏禮重於齊衰以下也；入，入大門也，婿不入大門，改服於門外之次，女入大門，改服於門內之次，皆深衣也；不問小功者，小功不廢昏禮，待昏禮畢，乃哭耳。

曾子問曰「除喪則不復昏禮乎？」孔子曰「祭，過時不祭，禮也；又何反於初？」

復猶償也；過時不祭，以重喻輕也；反亦復也。

孔子曰「嫁女之家，三夜不息燭，思相離也。取婦之家，三日不舉樂，思嗣親也。三月而廟見，稱來婦也。擇日而祭於禰，成婦之義也。」

不息燭，親骨肉也；不舉樂，重世變也；廟見，稱來婦，舅姑以婦見於祖廟，則祝稱來婦也，無舅姑則三月後夫婦擇日而祭於禰，然後偏見於祖廟也。

曾子問曰「女未廟見而死，則如之何？」孔子曰「不遷於祖，不祔於皇姑，婿不杖、不菲、不次，歸葬於女氏之黨，示未成婦也。」

遷，朝廟也；皇姑，祖姑也；菲，草履也；次，哀次也；未三月，未廟見，雖舅姑在，猶為未成婦也，未成婦則歸葬矣，婿雖不備喪禮，猶為服齊衰，既葬，除之。

曾子問曰「取女，有吉日而女死，如之何？」孔子曰「婿齊衰而弔，既葬而除之。夫死亦如之。」

亦如之，亦齊衰而弔；既葬，除也，云為斬衰者非，夫婦未成，猶君臣之分未定也。

曾子問曰「喪有二孤，廟有二主，禮與？」孔子曰「天無二日，土無二王，嘗禘郊社，尊無二上。未知其為禮也。昔者齊桓公亟舉兵，作偽主以行。及反，藏諸祖廟。廟有二主，自桓公始也。喪之二孤，則昔者衛靈公適魯，遭季桓子之喪，衛君請弔，哀公辭不得命，公為主，客入弔。康子立於門右，北面；公揖讓升自東階，西鄉；客升自西階弔。公拜，興，哭；康子拜稽顙於位，有司弗辯也。今之二孤，自季康

子之過也。」

曾子之問，怪時有之也。孔子歷言無二，以尊喻卑也；偽，假也，舉兵以遷廟主，行為假主，非禮也。靈公卒在桓子前，記者固誤，或云出公，恐亦非也，當是邾子益畏季氏之強，聞其卒而來弔耳，季氏私事，《春秋》固不載也。辯，正也，時季氏當國，哀公年幼，有司詔季氏而弗正，皆非也，自後列國強臣，蓋皆襲其禮而行之，故曰今之二孤自季康子之過也；嘗以始祖為主，禘以姜嫄為主，所謂始祖所自出也；郊以天帝為主，社以后土為主，餘皆從配在旁，故曰尊無二上。

曾子問曰「古者師行，必以遷廟主行乎？」孔子曰「天子巡守，以遷廟主行，載於齊車，言必有尊也。今也取七廟之主以行，則失之矣。當七廟、五廟無虛主；虛主者，唯天子崩，諸侯薨與去其國，與祫祭於祖，為無主耳。吾聞諸老聃曰天子崩，國君薨，則祝取群廟之主而藏諸祖廟，禮也。卒哭成事而後，主各反其廟。君去其國，大宰取群廟之主以從，禮也。祫祭於祖，則祝迎四廟之主。主，出廟入廟必蹕；老聃云。」

遷廟主，已毀廟之主也；齊車，金路也；七廟之主，未毀廟之主也；虛主者，有廟而無神以主之也；去國，若季侯之去國，謂失國，出亡也；祫祭，時祫也，祖，始祖也；老聃，周時賢而壽，年長於孔子者也。卒哭成事，卒哭之祭事畢也；主各反廟，而後新主可祔於祖也；未卒哭，群主聚於大廟，亦像人以凶事聚也；君去國，以廟主從，鬼神依人者也；祝迎廟主，祝掌接神故也；蹕，止行也。

曾子問曰「古者師行，無遷主，則何主？」孔子曰「主命。」問曰「何謂也？」孔子曰「天子、諸侯將出，必以幣帛皮圭告於祖禰，遂奉以出，載於齊車以行。每舍，奠焉而後就舍。反必告，設奠卒，斂幣玉，藏諸兩階之間，乃出。蓋貴命也。」

皮字疑牲字之誤；告，告出也，凡告用牲幣，皮非所以禮神也；有遷廟則告，畢即埋玉帛於階間矣；無遷廟則告遠祖廟，奉其玉帛，載之以出，所謂命也。舍，止宿之處，奠而後就舍，以脯醢禮神，乃敢即安也；其祖禰近廟，告而不以出者，即埋之階間。

子游問曰「喪慈母如母，禮與？」孔子曰「非禮也。古者，男子外有傅，內有慈母，君命所使教子也，何服之有？昔者，魯昭公少喪其母，有慈母良，及其死也，公弗忍也，欲喪之，有司以聞，曰『古之禮，

慈母無服，今也君為之服，是逆古之禮而亂國法也；若終行之，則有司將書之以遺後世。無乃不可乎！』公曰『古者天子練冠以燕居。』公弗忍也，遂練冠以喪慈母。喪慈母，自魯昭公始也。」

《喪服・齊衰三年》章「父卒，慈母如母」，傳云妾之無子者，妾子之無母者，父命為母子者也，此士禮也；又《小功五月》章君子子為庶母慈己者，父沒則不服，傳云君子子者，貴人之子也，此謂大夫以上，然云庶母慈己，則又不可竟以為慈母矣；又《緦麻三月》章乳母緦，亦士禮也，即《內則》慈母亦即此慈母也，但士與君有尊卑之別耳。子游之問，問為君之禮也。《南史・司馬筠傳》載梁武帝制剖析甚悉。昭公，《家語》作孝公為是，若昭公之母齊歸薨，見《春秋》不為少喪矣。練冠，以練布為冠也，練布冠八升，雖亦大功，衰布而加鍛灰者也。《家語》作古者天子喪慈母，練冠以燕居，然亦未詳何時禮也。

曾子問曰「諸侯旅見天子，入門，不得終禮，廢者幾？」孔子曰「四。」請問之。曰「大廟火，日食，后之喪，雨沾服失容，則廢。如諸侯皆在而日食，則從天子救日，各以其方色與其兵。大廟火，則從天子救火，不以方色與兵。」

旅，眾也，大廟，始祖廟，凡廟皆然，言始祖舉重耳；兵，《周官》有救日之弓，隱義云東戟、南矛、西弩、北楯，《穀梁傳》「天子救日置五麾、五兵、五鼓，諸侯三麾、三兵、三鼓，大夫擊門，士擊柝」，《左傳》「日食，天子伐鼓於社，諸侯伐鼓於朝」。

曾子問曰「諸侯相見，揖讓入門，不得終禮，廢者幾？」孔子曰「六。」請問之。曰「天子崩，大廟火，日食，后夫人之喪，雨沾服失容，則廢。」

大廟，諸侯之大廟；夫人，諸侯之夫人。

曾子問曰「天子嘗禘郊社五祀之祭，簠簋既陳，天子崩，后之喪，如之何？」孔子曰「廢。」

五祀，門、戶、灶、井、中溜也；既陳，謂夙興陳饌牲器時。

曾子問曰「當祭而日食，太廟火，其祭也如之何？」孔子曰「接祭而已矣。如牲至，未殺，則廢。

接，捷也，祭之名由於殺牲，故已殺則接祭，未殺則廢，接祭之禮未詳。

天子崩，未殯，五祀之祭不行；既殯而祭，其祭也，尸入，三飯不侑，酳不酢而已矣。自啟至於反哭，五祀之祭不行；已葬而祭，祝畢獻而已。」

五祀外神，不可以私喪廢祭，行祭者攝主也，祝畢，獻者禮至，獻祝而畢，雖祭而其禮猶差也；喪未殯則尸露，既啟則棺露，最為嚴急之時，故雖五祀外神，祭亦不行也。

曾子問曰「諸侯之祭社稷，俎豆既陳，聞天子崩、后之喪、君薨、夫人之喪，如之何？」孔子曰「廢。自薨比至於殯，自啟至於反哭，奉帥天子。」

奉，承也，帥，循也，奉帥天子，謂祭社稷、五祀，一如天子也，然其祭皆攝，嗣君皆不與也。

曾子問曰「大夫之祭，鼎俎既陳，籩豆既設，不得成禮，廢者幾？」孔子曰「九。」請問之。曰「天子崩、后之喪、君薨、夫人之喪、君之大廟火、日食、三年之喪、齊衰、大功，皆廢。外喪自齊衰以下，行也。其齊衰之祭也，尸入，三飯不侑，酳不酢而已矣；大功酢而已矣；小功、緦，室中之事而已矣。士之所以異者，緦不祭，所祭於死者無服則祭。」

外喪齊衰，謂若世叔父母及兄弟不同宮者，外喪自齊衰以下，行大夫士之所同也；室中之事，謂獻祝佐食，士加小功、緦，則祭不成禮者十一也；所祭與死者無服，雖門內亦祭也。

曾子問曰「三年之喪，弔乎？」孔子曰「三年之喪，練，不群立，不旅行。君子禮以飾情，三年之喪而弔哭，不亦虛乎？」

群、旅皆眾也，不群立、不旅行為苟語忘哀也；三年之喪不弔哭者，以哀彼則不專於親，為親而哀則忘弔也，然但不弔耳，其情之當哀者，亦不因己有喪而並廢哭也，故曾子之哭子張曰我弔也與哉。

曾子問曰「大夫、士有私喪，可以除之矣，而有君服焉，其除之也如之何？」孔子曰「有君喪服於身，不敢私服，又何除焉？於是乎有過時而弗除也。君之喪，服除而後殷祭，禮也。」

私喪，親喪也，有君喪不敢服私服，君尊也；服且不敢，況於除乎？舉重以喻輕也；殷祭，謂吉祭，入廟且配也。

曾子問曰「父母之喪，弗除可乎？」孔子曰「先王制禮，過時弗舉，

禮也；非弗能勿除也，患其過於制也，故君子過時不祭，禮也。」

　　曾子孝於親，欲以有君喪之弗除為例，故孔子辯之，見情雖無窮，而制則有限，不可以有君服之不敢私服為例也。

　　曾子問曰「君薨，既殯，而臣有父母之喪，則如之何？」孔子曰「歸居於家，有殷事，則之君所，朝夕否。」

　　居家，歸家治喪也；殷事，朔月、月半及薦新之奠也；朝夕否者，朝夕哭可不在君所也，若臣有父母喪，既殯而有君喪，則又當朝夕在君所，薦新偶歸矣，不言者可知也。

　　曰「君既啟，而臣有父母之喪，則如之何？」孔子曰「歸哭而反送君。」

　　歸哭者服君，服而歸，不敢私服也；言送君，則既送君葬，不待君虞祭，歸治父母喪矣；若父母喪既啟而有君喪，則往哭君所而反送父母葬，葬畢而後居君所。

　　曰「君未殯，而臣有父母之喪，則如之何？」孔子曰「歸殯，反於君所，有殷事則歸，朝夕否。

　　先歸殯父母訖，然後反君所以殯君，以君殯須五日，親殯止三日，可先殯也；君親哀雜，以君為重，故常在君所，有殷事乃歸也；若君親之殯且同日，則當歸哭父母，先君殯訖，又歸殯父母矣，然臣之分又有不同，其禮蓋尚有不可執一者。

　　大夫，室老行事；士，則子孫行事。大夫內子，有殷事，亦之君所，朝夕否。」

　　行事，攝事也，大夫士既在君所，朝夕等奠不可廢，故使室老子孫攝之；大夫內子，大夫妻也，大夫妻為夫之君，如婦為舅姑服齊衰，故非特大夫在君所，即大夫妻於君有殷事，亦之君所，與大夫同，惟朝夕否耳，舉此則君既啟及君未殯，而有舅姑之喪，其禮悉從夫也。

　　賤不誄貴，幼不誄長，禮也。唯天子，稱天以誄之。諸侯相誄，非禮也。

　　誄，累也，累列生時行跡，誄之以作諡，諡當由尊者成，乃不至掩惡揚善，有乖行實，故天子誄於南郊，稱天以誄之，明不欺天也；諸侯之誄當由天子，故相誄亦為非禮。

曾子問曰「君出疆以三年之戒，以椑從。君薨，其入如之何？」孔子曰「共殯服，則子麻，弁絰，疏衰，菲，杖。入自闕，升自西階。如小斂，則子免而從柩，入自門，升自阼階。君大夫士一節也。」

戒猶備也，謂衣衾也；椑，親身棺，從，豫具也，餘可死後乃具；曾子意出有喪備喪，入亦當有異也；共殯服，謂已大斂也，殯服者，布深衣，苴絰，散帶垂，是殯時主人所服，共之以待其來也，其餘殯事亦皆具焉；子麻、弁絰、疏衰、菲、杖者，棺柩未安，不忍成服於外也；麻弁絰者，布弁而加環絰也，布弁以十五升布為之；疏衰，齊衰也，菲，蒯屨，服未成而杖，已病也；闕即窒皇，當寢門旁，云入自闕者，毀寢門旁以柩入也，凡棺出宮，必毀闕而後可行，今入如之棺，行必如是，乃為正直無礙，所以昭慎重也；升自西階，即殯也，如小斂，謂未大斂，止小斂也；免而從柩者，首著免，身則布深衣而從柩也，不括髮，行遠不可無飾也，入自門，升自阼階，未大斂，則如生，反且就大斂也，一節言皆同也。

曾子問曰「君之喪既引，聞父母之喪，如之何？」孔子曰「遂。既封而歸，不俟子。」

既引，柩已引在塗也；遂，遂送君也；封當為窆，下同；子，嗣君也。

曾子問曰「父母之喪既引，及塗，聞君薨，如之何？」孔子曰「遂。既封，改服而往。」

改服者，括髮徒跣，布深衣，扱上衽，不以私喪包至尊也；禮，親始死笄纚，小斂始括髮，今聞君喪即括髮者，笄纚嫌與吉同也；《雜記》云「非從柩與反哭，無免於堩」，則葬時已免矣。

曾子問曰「宗子為士，庶子為大夫，其祭也如之何？」孔子曰「以上牲祭於宗子之家。祝曰『孝子某為介子某薦其常事。』」

上牲，少牢也，禮，大夫祭以少牢，士以特牲，以上牲祭，貴祿也，於宗子家，貴宗也；介，副也，不言庶，使若可以祭然。

若宗子有罪，居於他國，庶子為大夫，其祭也，祝曰「孝子某使介子某執其常事。」

此廣前問也。

攝主不厭祭，不旅，不假，不綏祭，不配。

攝主，謂宗子在他國，而庶子以大夫為攝主也；厭，飫神也，不厭祭，以

宗子不在，不必神之厭飫也；旅，旅酬也，假嘏通，福慶之詞，旅醻則賓主交歡，神嘏則主人受福，今攝主亦以宗子不在，故不必賓主盡歡，己亦不受福也；綏，《周官》作隋，減毀之名，主人欲食，先減黍稷、牢肉，祭之豆間曰綏祭，凡將受福，先為綏祭，不綏祭，禮略也；配者，祝詞，言薦歲事於皇祖伯某甫，必云以某妃配某氏，此不言祝詞，略也，夫婦精氣合，不嫌不配也。

布奠於賓，賓奠而不舉。

布，施也，陳也，布奠謂主人醻賓，奠觶於薦北也；賓奠，賓更取觶，奠於薦南也，此申上不旅之事，不舉即不旅也。

不歸肉。其辭於賓曰『宗兄、宗弟、宗子在他國，使某辭。』

歸，饋也，肉，俎也，助祭賓客但留共燕，不更歸俎也；辭，告也，宗兄以下，宿賓之詞，攝祭者與宗子同列，則曰宗兄，若宗弟昭穆異者，則曰宗子也；其詞若曰宗兄某在他國，使某執常事，使某告。

曾子問曰「宗子去在他國，庶子無爵而居者，可以祭乎？」孔子曰「祭哉！」請問「其祭如之何？」孔子曰「望墓而為壇，以時祭。若宗子死，告於墓而後祭於家。宗子死，稱名不言孝，身沒而已。子游之徒，有庶子祭者以此，若義也。今之祭者，不首其義，故誣於祭也。」

祭哉者，既有宗則祭不輕廢也；望墓為壇者，庶殺於嫡，賤殺於貴，宗子去國則廟當毀，庶子無爵不能立廟，特以宗故，於近墓之所為壇以祭也；告於墓者，墓固宗之墓也，家，庶子之家，祭於家者，庶人無廟，故祭於寢也；宗子死而猶祭，以同宗之故，宗墓猶在，庶人之祖考猶祭於寢也；不言孝，非嫡也，已，止也，庶人無爵，其子不可更為宗子攝祭也；以，用也，若，順也，首，本也，誣，妄也；子游以下，記者引之為證也。

曾子問曰「祭必有尸乎？若厭祭亦可乎？」孔子曰「祭成喪者必有尸，尸必以孫。孫幼，則使人抱之。無孫，則取於同姓可也。祭殤必厭，蓋弗成也。祭成喪而無尸，是殤之也。」

成喪，成人之喪也，厭即厭祭，言祭之而得神之厭飫也；弗成，弗使與成人之禮同也；人以有子為成人，故子不殤，父必有尸也，厭祭無尸，惟殤用之。

孔子曰「有陰厭，有陽厭。」曾子問曰「殤不祔祭，何謂陰厭、陽厭？」孔子曰「宗子為殤而死，庶子弗為後也。其吉祭，特牲。祭殤不舉，無肵俎，無玄酒，不告利成，是謂陰厭。凡殤，與無後者，祭於宗

子之家，當室之白，尊於東房，是謂陽厭。」

孔子又言殤有二厭，因上論殤之厭祭而詳之也；殤不祔祭，急口語也，言殤豈不祔祭乎？疑之也，曾子知殤必從祖祔食，無特祭之禮，而厭祭乃時祭祖考之正祭，非祔食可比，又未詳厭有陰陽之別，故先問殤，祔則不當有厭，有厭則或可不祔，且並問陰陽之名也；殤無為人父之道，故雖宗子以殤死，庶子當為後者，亦弗能為之後也；吉祭即從祖祔食也，用特牲，重宗也；舉，舉食也，胏俎，盛心舌之俎，玄酒，水也，利，養也，告利成，祭畢告供養之禮成也，四者皆為尸而設，祭殤無尸，故無是也；陰，幽闇之處，宗子殤死，祭於祖廟之奧，奧是幽闇之處，故曰陰厭也；凡殤，則庶子之嫡也，無後，成人而無後者也，宗子之家，宗子之祖廟也，當室之白，謂西北隅得戶明者陽，以當白而謂之陽也，必祭於宗子者，宗子有祖廟，所謂從祖祔食也。

曾子問曰「葬引至於堩，日有食之，則有變乎？且不乎？」孔子曰「昔者吾從老聃助葬於巷黨，及堩，日有食之，老聃曰『丘！止柩，就道右，止哭以聽變。』既明反而後行。曰『禮也。』反葬，而丘問之曰『夫柩不可以反者也，日有食之，不知其已之遲數，則豈如行哉？』老聃曰『諸侯朝天子，見日而行，逮日而舍奠；大夫使，見日而行，逮日而舍。夫柩不早出，不暮宿。見星而行者，唯罪人與奔父母之喪者乎！日有食之，安知其不見星也？且君子行禮，不以人之親痁患。』吾聞諸老聃云。」

堩，道也；有變，謂有異禮；巷黨，黨名；就道右者，行相左也，此據北出停柩在道東向北，則與南向行人相避也；聽變，待日食之變動也；明反，日復明也，反引柩復故行處也，不可以反柩，務速葬，不可回反也；已，止也，猶更明也，數，速也，豈如行者，設若遲晚，何如早行至墓，得早反虞也；舍奠，將舍時奠，行，主也；不蚤出、不暮宿，嫌早暮則侵晨夜、近姦寇也；痁，病也，患，害也，言不為豫止，倘有疏虞，即為病害也。

曾子問曰「為君使而卒於舍，禮曰公館復，私館不復。凡所使之國，有司所授舍，則公館已，何謂私館不復也？」孔子曰「善乎問之也！自卿、大夫、士之家，曰私館；公館與公所為，曰公館。公館復，此之謂也。」

復，招魂復魄也；私館，非君命而私相停舍者；公館，公家所造，與君命使舍者；有君命，雖卿大夫士之家亦謂之公館也，公館禮隆，故復。

曾子問曰「下殤土周葬於園，遂輿機而往，塗邇故也。今墓遠，則其葬也如之何？」孔子曰「吾聞諸老聃曰昔者史佚有子而死，下殤也。墓遠，召公謂之曰『何以不棺斂於宮中？』史佚曰『吾敢乎哉？』召公言於周公，周公曰『豈不可？』史佚行之。下殤用棺衣棺，自史佚始也。」

土周，塈周也，周人以夏后氏之塈周葬下殤於園，園在郭內，塗近以去其成人遠，故不就墓也；機輿，尸之床，以繩緄其中央，又以繩從兩旁鉤之，其禮以機舉尸輿，猶抗也，舉之以就園而殯葬也；今墓遠者，曾子見今人斂下殤於宮中而葬於墓，與成人同墓，既遠則葬禮必變也；棺斂於宮中而載以車，中殤以上之禮也，故史佚以為不敢；豈不可，言可也，君子不敢專以禮許人，故疑其詞也；行，用也，衣棺者，以衣斂，又加棺，皆於宮中也；自史佚始，明昔之下殤無棺，而佚並衣棺於宮中也。

曾子問曰「卿、大夫將為尸於公，受宿矣，而有齊衰內喪，則如之何？」孔子曰「出，舍於公館以待事，禮也。」孔子曰「尸弁冕而出，卿、大夫、士皆下之，尸必式，必有前驅。」

宿，宿戒也；內喪，同宮者也，尸受宿則不得哭，出舍公館，吉凶不可同處也；待事，待祭事畢，然後歸哭也，下又因言尸而廣及之；尸或弁或冕者，蓋宿齊則弁，當祭則冕，散齊時容有事而出也。

子夏問曰「三年之喪卒哭，金革之事無辟也者，禮與？初有司與？」孔子曰「夏后氏三年之喪，既殯而致事，殷人既葬而致事。《記》曰『君子不奪人之親，亦不可奪親也。』此之謂乎？」

初有司者，以己未遭喪之初，有專司之事，不能因喪而避也；致事，還其職位於君，以當喪不能事事也；孔子但言夏殷致事之節，不言周人卒哭而致事，則周制疑無致事之禮；《喪大記》「君既葬，王事入於國，既卒哭而服王事；大夫士既葬，公政入於家，既卒哭，弁絰帶，金革之事無辟是也」，孔子不可言周制之非，故又引記以明之。

子夏曰「金革之事無辟也者，非與？」孔子曰「吾聞諸老聃曰昔者魯公伯禽有為為之也。今以三年之喪，從其利者，吾弗知也！」

金革無避周制，既然孔子不可以為非，故又因不可奪親，推本言之，伯禽之征徐戎，攘外患，急王事也，若春秋時之諸侯大夫，其當喪舉兵，皆從利者也，故深斥之。

禮記卷八　文王世子

通篇記世子之法，而首以文王為世子之事，且題以文王世子，言為世子者，當以文王為法也。

文王之為世子，朝於王季，日三。雞初鳴而衣服，至於寢門外，問內豎之御者曰：「今日安否何如？」內豎曰：「安。」文王乃喜。及日中，又至，亦如之。及莫，又至，亦如之。其有不安節，則內豎以告文王，文王色憂，行不能正履。王季腹膳，然後亦復初。食上，必在，視寒暖之節，食下，問所膳；命膳宰曰：「末有原！」應曰：「諾。」然後退。武王帥而行之，不敢有加焉。文王有疾，武王不脫冠帶而養。文王一飯，亦一飯；文王再飯，亦再飯。

內豎，小臣之屬，御，值日侍御者；節，起居之節，不安節，失常節而為疾也；履，蹈地也，復膳，飲食安也，復初，憂解也；在，察也，寒暖之節，若食齊、視春時之類，問所膳，問所食之物及多少也，膳宰，膳夫也，末猶勿也，原，再也，言勿以復進也，退，反寢也。帥行不敢有加，視文王之為世子以為法也；不說冠帶而養，言常在側也；一飯、再飯，饑飽視親為度，不能更自適也。

旬有二日乃間。文王謂武王曰：「女何夢矣？」武王對曰：「夢帝與我九齡。」文王曰：「女以為何也？」武王曰：「西方有九國焉，君王其終撫諸？」文王曰：「非也。古者謂年齡，齒亦齡也。我百爾九十，吾與爾三焉。」文王九十七乃終，武王九十三而終。

間猶瘳也，旬又二日乃間，蓋本武王既克商二年有疾之事，周公請命於三

王，武王復瘳，又三年乃崩，至誠所感，容有之理也。記者傳訛，遂以武王為文王，又生夢齡等說，則無異齊東野人矣；稱君王詞尤背誕，餘則先儒俱辯正，不更詳。

成王幼，不能蒞阼，周公相，踐阼而治。抗世子法於伯禽，欲令成王之知父子、君臣、長幼之道也；成王有過，則撻伯禽，所以示成王世子之道也。文王之為世子也。

蒞，臨也，阼，東階也，阼為主人之位，天子為天下之主，故位在阼也；踐，履也。記者之意謂成王幼，不能事事，周公為相，代為治天下耳，然而不詞矣，成王雖幼，豈每日暫立阼階，亦有不能，況有周、召為相乎？周公即云攝政，亦謂經理天下事耳，豈必待身立阼階而後經理乎？春秋時魯襄公年甫四歲，而邾子來朝，晉衛大夫來聘；甫六歲，孟獻子即相以朝於晉，安見成王幼之不能蒞阼也？修詞之誠不立，使亂賊階以致禍，皆諸記不詞之過也。抗，舉也，伯禽，周公子，世子法即為君之法也；《周官》師氏、保氏掌教養國子，其實詔王、諫王皆其職也；未即位為世子，既即位則為君，豈有二哉？腐儒不達理而泥於文，故多為之詞耳。「文王之為世子」句，題上事也，繫名篇於篇末，蓋古記之例多有之。

凡學世子及學士，必時。春夏學干戈，秋冬學羽籥，皆於東序。小樂正學干，大胥贊之。籥師學戈，籥師丞贊之。胥鼓南。春誦夏弦，大師詔之。瞽宗秋學禮，執禮者詔之；冬讀書，典書者詔之。禮在瞽宗，書在上庠。

學，教也，士，國子及諸子之總名；必時，言教與學皆當當其可，不可陵節躐等也；下乃限以四時，分學各物，則記者之謬矣。東序，學宮中之東序也；小樂正即《周官》之樂師，已詳《王制》；大胥、籥師、大師皆見《周官》，籥師丞無考，或即籥章也；胥，小胥也，干戈，武舞，羽籥，文舞也；南如二《南》，詩樂之音也；鼓猶奏也，誦，習其句讀也，弦比之琴瑟之弦也；瞽宗，祭先瞽能審音者之處；執禮、典書，無官名，以者字概之，亦謬，《周官》執禮、典書皆大史之事，然大史不教國子，而六藝掌於保氏，則知禮與書皆為小學，不在大學矣；禮在瞽宗，書在上庠尤妄，瞽者豈能習禮，古之學官止掌樂，不掌書也，且史氏又何事耶？餘詳《王制·四術》注。

凡祭與養老，乞言，合語之禮，皆小樂正詔之於東序。

祭也、養老也，皆有乞言與合語之禮，蓋王者宗廟之祭，同異姓之國老皆

與，故莫不乞言且合語也；乞言，乞老者之善言有益於家國天下者，合語亦謂合眾人之語而本於古昔宜於時事者，然此皆師氏、保氏三德、三行、六藝、六儀中事；當祭與養老之時，小樂正又先詔之。

大樂正學舞干戚，語說，命乞言，皆大樂正授數。

干戚之舞，大樂正教之，合語之說、乞言之命則大樂正授之以，數，命告也，猶詞也，數語，言條件也。

大司成論說在東序。

《周官》有大司樂，無大司成，則大司成當即大司樂也，然既有大樂正，又有大司成，則官名複沓，蓋亦記者之謬，由不知有師氏、保氏之職，故其事與學官相混，又雜舉列國異名之官而迭出耳；論說，謂講論也，皆於東序者，蓋學官皆有師道之尊，東序於十二室為正坐也，不於堂，堂為學中有事行禮之處，非常時講學處也。

凡侍坐於大司成者，遠近間三席，可以問。終則負牆，列事未盡，不問。

間猶容也，席制，廣三尺三寸，所謂函丈也，容三席則得指畫相分別也；負牆，致竦敬之意，卻退就後立也；列事未盡，謂大司成序列其事，尚未終也；不問，不可錯尊者之語，輒有諮問，避不敬也。

凡學，春官釋奠於其先師，秋冬亦如之。

凡學，蓋統大學、鄉學而言；官，大學為大胥之屬，若鄉學即掌其地治之有司也；釋，置也，釋奠，設薦饌酌奠也；先師，樂祖也，《周官》大宰之九兩，三曰師，以賢得民，四曰儒，以道得民；又大司樂掌成均之法，以治建國之學政，而合國之子弟，死則以為樂祖，祭於瞽宗是也，其人未詳，四時皆然，不言夏，文不具也；釋奠無尸，事主行禮，非報功也。

凡始立學者，必釋奠於先聖先師；及行事，必以幣。

始立學，謂始封，若遷國，並始立之鄉黨也；先聖，亦先師也，殊名之者，其位有尊卑，時有先後，德有大小也；其人亦未詳，蓋自漢以來乃專事孔子耳；行事，謂天子視學、養老、習射若合舞、合聲之事；奠，以祭器神，幣則禮之以告事而已。

凡釋奠者，必有合也，有國故則否。

合，合樂也，有司之事，若春秋之合舞、合聲，則學士之事也；國故，若

喪紀凶禮。

凡大合樂，必遂養老。

大合樂，若春秋合舞、合聲也；必遂養老，亦統鄉學言。

凡語於郊者，必取賢斂才焉。或以德進，或以事舉，或以言揚。曲藝皆誓之，以待又語。三而一有焉，乃進其等，以其序，謂之郊人，遠之。於成均以及取爵於上尊也。

語，論也，若《王制》之「官民，材必先論也」；郊，四郊，即六遂也；取賢斂才，蓋即《周官》「遂大夫之興甿也」，《國語》「」野處而不昵」，其秀民之能為士者，必足賴也，故郊、遂雖皆農民，有賢才焉；德也、事也、言也，賢才之實也；進之、舉之、揚之，不以其在野而或略也；曲藝，凡技藝之一偏者，亦其一端之賢才也；誓，戒也，戒以勉之，使自進於德、事、言；以待又語也，三德、事、言也；進其等，不列之於藝而列之於賢才也；序，如德為最，事次之，言又次之之類；郊人，興於郊中之人，遠猶退也，不及也。成均，大司樂所掌，即國學也；取爵於上尊，謂六鄉所賓興之賢能也，言六遂之賢才，當其始語而興之，非特不及國學之士，並不及鄉學之士也；上尊，堂上之尊，凡鄉飲、鄉射，賓主人實爵之尊，皆陳於堂上，與《燕禮》《射儀》凡士旅食之尊，陳於門東、鐏南，皆在堂下者異也，此因學世子、學士而推及之郊人，以見郊人亦有士，亦在所教，且可漸進於國學也。

始立學者，既興器用幣，然後釋菜不舞不授器，乃退。儐於東序，一獻，無介語可也。教世子。

興，舉而陳之也，器，樂器也，必興器，學主於樂，以樂器為重也；用幣以禮神，釋菜，告學宮成也，其神亦即樂祖也；不舞不授器，告宮成耳，非合樂也，器亦樂器，鼓奏各有所執，故當授也；退儐，退而禮大司樂也，以賓禮儐之，以其為學宮之主，師道存也；若有介，當以樂師為之，語即合語也，無介語亦可，亦以止告學成，未及行禮也，此又詳告成學宮之制。教世子三字，亦題上事也。

凡三王教世子必以禮樂。樂，所以修內也；禮，所以修外也。禮樂交錯於中，發形於外，是故其成也懌，恭敬而溫文。

交，合也，錯，雜也，成謂禮樂之成；懌，和悅也，懌者，樂也；恭敬溫文者，禮也。

立大傅、少傅以養之，欲其知父子、君臣之道也。大傅審父子、君臣之道以示之；少傅奉世子，以觀大傅之德行而審喻之。大傅在前，少傅在後；入則有保，出則有師，是以教喻而德成也。

養如易養正之養，從容啟迪，使其本然之善自然開悟也；世子於君，兼有父子君臣之道，與臣庶異，尤當審察，以示所當行也；喻，曉也，使世子視大傅所示之德行，而又詳曉之也。

師也者，教之以事而喻諸德者也；保也者，慎其身以輔翼之而歸諸道者也。《記》曰：「虞、夏、商、周，有師保，有疑丞。」設四輔及三公。不必備，唯其人。語使能也。

此又承上，更明師、保之事，記蓋亦周秦時人作，如《儀禮》末有記及伏生作《尚書大傳》之類；疑，擬也，未事而豫擬以待之，丞，承也，及事而順承以終之，保、師及疑丞為四輔，師、保、傅之三大為三公也；語使能者，言能其官則設之，無則闕作，記者引古記以為證也。

君子曰德，德成而教尊，教尊而官正，官正而國治，君之謂也。

君子，成德之名，謂之君子者，言其德可以君國子民，故曰德成以至國治；君之謂也，言必如是，然後可以為君也。

仲尼曰：「昔者周公攝政，踐阼而治，抗世子法於伯禽，所以善成王也。聞之曰：為人臣者，殺其身有益於君則為之，況於其身以善其君乎？周公優為之！」。

凡為傳記者，多以己意假名仲尼，以祈見信於後世，其實孔子正名定分，絕無周公踐阼、抗世子法等言也。於，曲也，委曲其身以善君，謂成王有過則撻伯禽，以儆成王也；優，有餘裕也。

是故知為人子，然後可以為人父；知為人臣，然後可以為人君；知事人，然後能使人。成王幼，不能蒞阼，以為世子，則無為也，是故抗世子法於伯禽，使之與成王居，欲令成王之知父子、君臣、長幼之義也。

以為世子，則無為者，成王既為君，則已非世子，無為世子之處，故不得不舉世子法於伯禽也。記者之意，蓋謂成王年幼，雖為君，不可不知子、臣、弟之道，故為之詞如此，其實周、召為相，伯禽與成王居，亦不外使成王見正事、聞正言、行正道而已，不能使成王尚為世子，亦不能使伯禽代為世子也，則所謂抗世子法於伯禽者，即其意近是而言終不詞矣。

君之於世子也，親則父也，尊則君也。有父之親，有君之尊，然後兼天下而有之。是故，養世子不可不慎也。

此亦言世子當代有天下，即有君父之責，故其養之不可不慎，以足上養世子之說。

行一物而三善皆得者，唯世子而已。其齒於學之謂也。故世子齒於學，國人觀之曰：「將君我而與我齒讓何也？」曰：「有父在則禮然，然而眾知父子之道矣。」其二曰：「將君我而與我齒讓何也？」曰：「有君在則禮然，然而眾著於君臣之義也。」其三曰：「將君我而與我齒讓何也？」曰：「長長也，然而眾知長幼之節矣。」故父在斯為子，君在斯謂之臣，居子與臣之節，所以尊君親親也。故學之為父子焉，學之為君臣焉，學之為長幼焉，父子、君臣、長幼之道得，而國治。語曰：「樂正司業，父師司成，一有元良，萬國以貞。」世子之謂也。周公踐阼。

物猶事也，一事謂與國人齒讓；三善，父子之道、君臣之義、長幼之節也；語，蓋古語也；司業主世子所習之業也，司成主教世子有成德也；一猶言一人，即所謂世子也；周公踐阼，亦題上事。

庶子之正於公族者，教之以孝悌、睦友、子愛，明父子之義、長幼之序。

庶子即《周官》之諸子，此以諸侯言，故不曰王族而曰公族，不曰諸子而曰庶子也；正，正其位也；庶子之中又有年齒、班位、貴賤之不同，故庶子正之也，既正之，又教之，庶子之職也，事上則以孝悌，旁交則以睦友，恤下則以子愛，但言父子、長幼，公族以親親為重也。

其朝於公：內朝，則東面北上；臣有貴者，以齒。

內朝謂路寢，庭在畢門外；雖貴，以齒，猶在君寢宮，則尚親親也，此下脫「庶子治之」以下十二字。

其在外朝，則以官，司士為之。

外朝在路寢宮外，虎門之外、以及皋門外之朝位皆是也；司士所掌，止在虎門之外，即治朝也，為猶治也，謂正其儀位，此謂庶子之為士者，若為大夫則射人主之，未為士仍庶子主之。

其在宗廟之中，則如外朝之位。宗人授事，以爵以官。其登餕獻受爵，則以上嗣。

宗人即宗伯也；以爵，貴賤異位也，以官，各有所掌也；登，升堂也；餕，蓋飯尸餘也；所獻、所受，爵俱未詳，天子、諸侯之禮亡，如以大夫、士禮推之，恐終不似也；上嗣，謂公族之子之嫡也，此又因序爵辨貴，序事辨賢，而又推至尊祖重嫡也。

庶子治之，雖有三命，不逾父兄。

此節應在「臣有貴者，以齒」之下，錯簡也，言公族於內朝尚親親，則以長幼為重。

其公大事，則以其喪服之精粗為序。雖於公族之喪亦如之，以次主人。

大事，君薨也，喪服，親者服粗疏者，以次漸精，粗為重，精為輕，臣於君雖皆斬衰，然序之必以本親也；主人，主喪者，次主人者，主人恒在上，雖有父兄，猶不得下齒也。

若公與族燕，則異姓為賓，膳宰為主人，公與父兄齒。

燕即《詩》之燕私也；異姓為賓，為同宗無相賓客之道；膳宰為主人，君尊不獻也；與父兄齒，親親也。

族食，世降一等。

食，以食禮合族也；世，親疏之世次也，親者稠，疏者希，若齊衰一年四合食，則大功三、小功二、緦一也。

其在軍，則守於公禰。公若有出疆之政，庶子以公族之無事者守於公宮，正室守大廟，諸父守貴宮貴室，諸子諸孫守下宮下室。

在軍，從公於軍者，公禰，言禰以在外，示親猶書之言祖也；出疆，若朝覲、會同之事；無事，無官守者，若《周官》遊倅也，公宮，總廟宮室而言；正室，公卿大夫之嫡子，以其嗣世當室，故謂之正室，猶云門子、國子也；大廟，大祖之廟，貴宮，貴室群公之宮及路寢也；下宮、下室，小宮燕寢也，環室謂之宮，中室謂之室，朝會之處謂之廟；諸父，庶子之年輩居長者，諸子諸孫，其卑幼也。

五廟之孫，祖廟未毀，雖為庶人，冠，取妻，必告；死，必赴；練祥則告。族之相為也，宜弔不弔，宜免不免，有司罰之。至於贈賵承含，皆有正焉。

五廟之孫，祖廟未毀，亦約舉君親未盡之公族，概言之耳；於祖有兄終弟

及等廟，原不限毀與不毀之數也；族之相為，猶言睦族之道；弔謂六世以往，免謂五世者；賵賻，送喪之物，承，奉也，承含者，含飯、珠玉皆必手承之，其禮物有尊卑、貴賤、親疏之等，故庶子皆正其禮也。

公族其有死罪，則磬於甸人。其刑罪，則纖剸，亦告於甸人。公族無宮刑。

磬謂縊殺之，懸之如磬也；甸人如《周官》之甸師也；纖，細也，剸，割也，纖剸者，言刑雖不廢，而用刑加慎，不使大創，亦尊公族也；告同梏，告於甸人，謂土加明梏而適甸人也；宮刑，割勢也。

獄成，有司讞於公。其死罪，則曰「某之罪在大辟」；其刑罪，則曰「某之罪在小辟」。公曰：「宥之。」有司又曰：「在辟。」公又曰：「宥之。」有司又曰：「在辟。」及三宥，不對，走出，致刑於於甸人。公又使人追之曰：「雖然，必赦之。」有司對曰：「無及也！」反命於公，公素服不舉，為之變，如其倫之喪。無服，親哭之。

讞，白也，辟亦罪也；反命，白已刑殺也；素服，於凶事為吉，於吉事為凶，非喪服也；不舉，降常食也；變，若遷坐之類，倫，親疏之比也；有喪則易常處以居；無服，不往弔也，以其忝祖，如後世之絕屬籍也；親哭之，雖不往弔，猶為位哭之，私為之戚也。自庶子正於公族，至此皆詳，公族之事，蓋皆庶子所掌有舊籍，故記者因論世子之法而並錄之下，又句為之釋其義也。

公族朝於內朝，內親也。雖有貴者以齒，明父子也。外朝以官，體異姓也。宗廟之中，以爵為位，崇德也。宗人授事以官，尊賢也。登餕受爵以上嗣，尊祖之道也。喪紀以服之輕重為序，不奪人親也。公與族燕則以齒，而孝悌之道達矣。其族食世降一等，親親之殺也。戰則守於公禰，孝愛之深也。正室守大廟，尊宗室，而君臣之道著矣。諸父諸兄守貴室，子弟守下室，而讓道達矣。五廟之孫，祖廟未毀，雖及庶人，冠，取妻必告，死必赴，不忘親也。親未絕而列於庶人，賤無能也。敬弔臨賻賵，睦友之道也。古者，庶子之官治，而邦國有倫；邦國有倫，而眾鄉方矣。公族之罪，雖親不以犯有司，正術也，所以體百姓也。刑於隱者，不與國人慮兄弟也。弗弔，弗為服，哭於異姓之廟，為忝祖遠之也。素服居外，不聽樂，私喪之也，骨肉之親無絕也。公族無宮刑，不翦其類也。

內親，言親不可疏外，故內之以相親也；體異姓，言欲與異姓同體，故不

使同姓，示別以有二也；爵不踰德，故崇爵正以崇德也；惟賢者為能其事，故
以授事為尊賢也；嫡子為先祖之正體，故以上嗣為尊祖也；不奪人親，言雖有
君臣之義，不可奪人本親之恩也；孝悌之道達，言孝悌之道自君始也；殺，差
也；行主為先祖之祧，故使公族守之，所以盡孝愛也；睦友，親睦和友也；有
倫，有條理也；鄉方，言面所向得正處也；犯，干也，術，法也，不以私親壞
法，示與百姓一體也；慮，謀也，謂斷罪也，不與國人慮兄弟，親親之意，不
欲與眾棄之也；忝，辱也；無絕，謂無割絕之理，已；剪，除也，條釋上文，
或從略，或加詳，隨文為義，期於詞達，非拘拘於詁訓也。

天子視學，大昕鼓徵，所以警眾也。眾至，然後天子至。乃命有司
行事。興秩節，祭先師先聖焉。有司卒事，反命。

凡君在朝曰視朝，在學曰視學，皆因其地而為之名也。昕猶明也，大昕，
早昧爽時，凡物初為大，末為小也；鼓，擊鼓也，徵，召也，召學士使各治當
為之事也；警，戒也，眾即學士也；行事，舉告祭先師先聖之事；興，陳也，
秩，常也，節，序也，凡天子視學，所當有常儀，皆先陳之以待也；祭先師先
聖，告視學之事也；反命，告祭畢也。

始之養也：適東序，釋奠於先老，遂設三老五更群老之席位焉。適
饌省醴，養老之珍，具；遂發詠焉，退修之以孝養也。

養，養老也，始之養，將行養老之禮之始也；先老，始制養老之禮者，其
神位在東序；釋奠，告行養老之禮也；三老，三人，五更，五人，有此人數，
或不必備也，三老之席，當在堂上戶，西南面東上，五更東面北上，群老牖前
南面西上。適饌省醴，互文，言適饌又適醴，皆省其饌與醴之珍與具否也；發
詠，令升歌也，省畢而歌，將以納賓也，必發詠者，學宮之事，以樂為主也；
退，退於箱也，修即修釋奠、省具之禮；以孝養，謂養老視父，養更視兄也，
此言將養老以前之事。

反，登歌清廟，既歌而語，以成之也。言父子、君臣、長幼之道，
合德音之致，禮之大者也。下管《象》，舞《大武》。大合眾以事，達有
神，興有德也。正君臣之位、貴賤之等焉，而上下之義行矣。

反，天子反阼階，上主位也，必退俟老更食畢而後反者；食禮，賓食，君
亦退於箱也，周之養老，合燕、饗、食三禮兼用之，其詳固不可考，然其始養
用食饗，既反用燕可知也。登歌，升歌，工於階上而使歌也；《清廟》，《周頌》
首章詩也；語即合語也，歌備而旅酬，旅酬而合語也；成之，成養老之大典也，

養老禮成，老者必詳語父子、君臣、長幼三者之道，合乎先王之德音，至如《清廟》之詩所云，為有天下之極致，是禮之至大也。下，堂下也，管《象》，以管吹《象》也；《大武》，武王之樂，舞即《周頌》之《武》也，《象》詩未詳，當即是《左傳》象箾南籥之象，為文王樂舞之詩，三百篇中所不載，《詩序》以《維清》當之，非也，鄭康成以為《大武》首章，尤非。大合眾以事，如春則合舞，秋則合聲之事也；達有神，明天授命周家之有神也；興有德，美文王、武王之德，遂至有天下也；正位與等，亦謂養老之禮至於無筭爵，而君臣貴賤由之，無不正也。

有司告以樂闋，王乃命公侯伯子男及群吏曰：「反！養老幼於東序。」終之以仁也。

闋，終也，此樂闋以無筭樂，言公侯伯子男及群吏皆與於養老之禮者也，群吏謂六卿、大夫及圻內有都邑者，養老兼及幼，即《周官》養耆老孤子也；東序亦其學之東，序，陳饌禮之處，其行禮仍於堂也，以其徧天下，故曰仁。

是故聖人之記事也，慮之以大，愛之以敬，行之以禮，修之以孝養，紀之以義，終之以仁。

記事，記之典籍，以為故事也；行莫大於孝悌、養老之禮，所以廣孝悌也，則其所慮者大矣；愛之以敬，謂於學中禮樂明備之所，若於朝、於寢，猶嫌私褻也；行之以禮，謂兼用燕、饗、食，則嘉禮具也；以孝養，以義、以仁，已詳上文。

是故古之人一舉事而眾皆知其德之備也。古之君子，舉大事，必慎其終始，而眾安得不喻焉？《兌命》曰：「念終始典於學。」

喻猶曉也；兌，古「說」字，《兌命》，《商書》篇名，今佚；典，常也，主也；學，即大學也。

世子之記曰：朝夕至於大寢之門外，問於內豎曰：「今日安否何如？」內豎曰：「今日安。」世子乃有喜色。其有不安節，則內豎以告世子，世子色憂不滿容。內豎言「復初」，然後亦復初。朝夕之食上，世子必在，視寒暖之節。食下，問所膳羞。必知所進，以命膳宰，然後退。若內豎言「疾」，則世子親齊玄而養。膳宰之饌，必敬視之；疾之藥，必親嘗之。嘗饌善，則世子亦能食；嘗饌寡，世子亦不能飽；以至於復初，然後亦復初。

　　記，記為世子禮節者也，蓋自武王有天下，垂為世子之法，其朝夕視膳等事，視文王為世子之禮稍損挹之，以為常制也。大寢，王之路寢也；不滿容，容貌不能充盛，有憂故也；齊，齊戒也，玄，玄冠、玄端服，士服也；嘗藥，試毒味也；善，謂食多於前。

禮記卷九　禮運

運，行也，此篇皆記禮之當行與所以行與不可不行之故，或曰子游弟子作，然本意則為春秋時諸侯大夫皆僭逆悖禮而作。

昔者仲尼與於蠟賓，事畢，出遊於觀之上，喟然而歎。仲尼之歎，蓋歎魯也。言偃在側曰「君子何歎」，孔子曰「大道之行也，與三代之英，丘未之逮也，而有志焉」。

蠟祭，養老以息老物，時仲尼致仕，以國老為賓，故與焉；觀，兩觀也，本天子之制，魯僭用之在庫門，逼近朝廟，其上非人可遊觀之所，上當為下字之誤；大道之行，即指三代盛時也；與，企望詞也，英謂當時名世之人，逮，及也。

大道之行也，天下為公。選賢與能，講信修睦，故人不獨親其親，不獨子其子，使老有所終，壯有所用，幼有所長，矜寡孤獨廢疾者，皆有所養。男有分，女有歸。貨惡其棄於地也，不必藏於己；力惡其不出於身也，不必為己。是故謀閉而不興，盜竊亂賊而不作，故外戶而不閉，是謂大同。

分謂四民各有分業也；謀，奸謀也；而不作，而字衍，《家語》無。

今大道既隱，天下為家，各親其親，各子其子，貨力為己，大人世及以為禮。城郭溝池以為固，禮義以為紀；以正君臣，以篤父子，以睦兄弟，以和夫婦，以設制度，以立田里，以賢勇知，以功為己。故謀用是作，而兵由此起。禹、湯、文、武、成王、周公，由此其選也。此六君子者，未有不謹於禮者也。以著其義，以考其信，著有過，刑仁講讓，

示民有常。如有不由此者，在勢者去，眾以為殃，是謂小康。

今記者，蓋指三代以來，統言之；隱，微也，謂不能行也；大人指天子、諸侯，父子曰世，兄弟曰及；選謂最也。此節《家語》無「禮義」至「兵由此起」五十四字，又無「以著其義」以下三十七字，有「禮之所興，與天地並，如有不由禮而在位者，則以為殃」二十一字；義疏據孔疏云，「故謀用是作，而兵由此起」十字係「貨力為己」下錯簡，然按文義，此節與上節，記者乃以「三代之英」與「大道之行」對言，故兩節語意抑揚，而「大道既隱」句與「大道之行」尤顯為悖戾，皆非孔子所言本旨，蓋居業不精，則修詞易混，不能無弊耳。

言偃復問曰：「如此乎禮之急也？」孔子曰：「夫禮，先王以承天之道，以治人之情。故失之者死，得之者生。《詩》曰：『相鼠有體，人而無禮；人而無禮，胡不遄死？』是故夫禮，必本於天，殽於地，列於鬼神，達於喪祭、射御、冠昏、朝聘。故聖人以禮示之，故天下國家可得而正也。」

言急則上文所言知多失孔子語意矣；殽，錯雜散見也；在天者無形，在地者有形，故殽也；列，陳也，鬼神道與情之良能也。

言偃復問曰：「夫子之極言禮也，可得而聞與？」孔子曰：「我欲觀夏道，是故之杞，而不足徵也；吾得夏時焉。我欲觀殷道，是故之宋，而不足徵也；吾得坤乾焉。坤乾之義，夏時之等，吾以是觀之。」

夏時，若《夏小正》之屬；坤乾，《歸藏易》也，殷《易》以坤為首而次乾，故曰坤乾，今其書皆佚，惟《夏小正》猶存義，即所以首坤次乾之義，殷禮可由此而推；等，四時先後之次序，即建正舉中歸餘，以為釐百工，庶績咸熙者，夏禮可由此而推；以是觀之，謂以其義等而知其禮也，道即禮中所以當然之，故言杞宋不足證，僅於二書得之而已。

夫禮之初，始諸飲食，其燔黍捭豚，污尊而抔飲，蕢桴而土鼓，猶若可以致其敬於鬼神。及其死也，升屋而號，告曰：「皋！某復。」然後飯腥而苴孰。故天望而地藏也，體魄則降，知氣在上，故死者北首，生者南鄉，皆從其初。

捭同擘，裂也，中古雖有火化，未具釜甑，以水洮釋米，擘析豚肉，加於燒石之上，而熟之以食也；污尊，鑿地污下以盛水，如尊也，抔飲，手掬而飲

也；柎鼓，槌，蕢，草名，乾可畏柎，土鼓，築土為鼓也；可致敬鬼神，享德不享味也；升屋而號，招魂於天也，皋者，引號之聲，某，死者名，復，反也；腥，生肉，飯腥蓋喪奠之俎，或曰含也，苴，包裹之也，苴孰謂送柩之遣奠；天望，望天以招魂也，地藏，葬而藏尸於地也；體主於骨，魄藏於肺，知存於心，氣寓於體，體、魄，陰也，故降而之下；知、氣，陽也，故升而在上，所以天望，由知、氣在上也，所以地藏，由體、魄則降也，此皆非後世始為之事，自上古以來已如此，故曰皆從其初。

　　昔者先王，未有宮室，冬則居營窟，夏則居橧巢。未有火化，食草木之實、鳥獸之肉，飲其血，茹其毛。未有麻絲，衣其羽皮。

　　營窟，穴處也，橧，聚也，橧巢，架木為橧居也；血言鳥獸，毛言草木。

　　後聖有作，然後修火之利，範金合土，以為臺榭、宮室、牖戶，以炮以燔，以亨以炙，以為醴酪；治其麻絲，以為布帛，以養生送死，以事鬼神上帝，皆從其朔。

　　修火之利，謂熟治萬物，範金，謂鑄作器用，合土，謂瓦瓴甓及甒；炮炮，裹而燒之也，燔，加於火上也，亨，煮於鑊也，炙，貫而燒之火也；醴酪，烝釀之也，醴，一宿酒，酪，酢酨也；朔，繼終又有始也。

　　故玄酒在室，醴醆在戶，粢醍在堂，澄酒在下。陳其犧牲，備其鼎俎，列其琴瑟管磬鍾鼓，修其祝嘏，以降上神與其先祖。以正君臣，以篤父子，以睦兄弟，以齊上下，夫婦有所。是謂承天之祜。

　　玄酒，井水也，醆，爵也，夏曰醆，粢同齍，謂嘉穀，即黍也，醍同緹，酒色赤者，醴醆謂盛於醆之醴齊，粢醍謂以黍為緹齊也；澄，清也。祝為主人饗神之詞，嘏為尸致福於主人之詞，有所謂主人在阼，主婦在房中也；祭必五倫咸具，乃為天祜，祜，福也，上神謂天之靈，即先祖也，言「與其」，則上神與先祖為二，然堂室無祭天神之事，為是禘其先妣，而上帝居歆，則惟天子得行之，與下君與夫人又不合，此皆記文醇疵間雜處。

　　作其祝號，玄酒以祭，薦其血毛，腥其俎，孰其殽，與其越席，疏布以冪，衣其澣帛，醴醆以獻，薦其燔炙，君與夫人交獻，以嘉魂魄，是謂合莫。

　　祝號有六，見《周官》，玄酒以水涚酒而祭，即盎齊，涚，酌也，凡酌齊，天子諸侯當用鬱鬯，涚以明水，此但舉鄉大夫祭法，亦未備；薦血以告殺，薦

毛以告純也；腥其俎，若饗禮所設，在迎尸前室中，祝神所用；孰其殽，若燕禮所用，尸所食也；越，度也，席之長有定制，設有定所，故曰越席；澣猶染也，澣帛，祭服玄衣；醴醆以獻，蓋謂降神交獻，則朝獻事也；嘉，樂也，魂，陽神，魄，陰神；合莫，言合其陰陽之神於泯莫之中而來享也。

然後退而合亨，體其犬豕牛羊，實其簠簋、籩豆、鉶羹。祝以孝告，嘏以慈告，是謂大祥。此禮之大成也。

退而合享，謂饋獻以下，體，骨體也，自尸以下有貴賤之別；祥，善也，大成即祝告利成而事神之禮大成也。

孔子曰：「於呼哀哉！我觀周道，幽、厲傷之，吾舍魯何適矣！魯之郊禘，非禮也，周公其衰矣！杞之郊也禹也，宋之郊也契也，是天子之事守也。故天子祭天地，諸侯祭社稷。」祝嘏莫敢易其常古，是謂大假。

傷，敗壞也，非禮，以其僭天子之制；契當為湯，記誤也，禹湯為天子，其後雖不為天子，猶當世守其事，以天子之禮祀禹湯也，然此類皆文飾之言，故多失實，商為周之勝國，則宋為周客，或可以天子之禮祀商先王；杞何與焉，蓋杞止當於商時有天子之事守，至周不能更為客也，若以杞為禹後，則陳亦為舜後，又自堯以上帝王之後，其皆有天子之事守乎？且周之郊制，凡公侯伯皆有之，有郊則有祭，未為僭也，魯之僭在不配以五人官而配以五人帝耳，概言魯不宜郊，亦未探其本也。常古者，自始封國以來，一定不易之常制也，假，如《易》「王假有廟」之假，言感格神祇，不在僭侈，而在率舊章也。

祝嘏辭說，藏於宗祝巫史，非禮也，是謂幽國。

幽，暗也，祝嘏之詞說，所以交於神明，止藏宗祝巫史，則徒為文具，且多矯誣矣，君子昏暗不知反本，故曰幽國。

醆斝及尸君，非禮也，是謂僭君。

夏曰醆，殷曰斝，皆非時王之爵，惟天子得用之；及尸君者，君以獻尸，尸以報君獻也；僭君，無王僭侈之君。

冕弁兵革藏於私家，非禮也，是謂脅君。

冕弁謂大夫士助祭於君之服，兵如甸徒，即丘乘也，革，甲也，四者皆有司官主之，有事則大夫士授受於有司，不得藏於私家也；若擅藏而私用之，是國柄移於下臣，皆可以脅制其君也，故曰脅君。

大夫具官，祭器不假，聲樂皆具，非禮也，是謂亂國。

具官，官事不攝也，臣之奢富擬於國君，則君權必奪，故曰亂國。

故仕於公曰臣，仕於家曰僕。三年之喪，與新有昏者，期不使。以衰裳入朝，與家僕雜居齊齒，非禮也，是謂君與臣同國。

臣有喪昏之事，不歸政於君，或反服其衰裳以入朝，是廢喪昏之典而欲專國政，以從其利也；家僕與公臣，其卑尊懸絕，今家僕敢與公臣雜居齊齒，而公臣亦不以儕於家僕為恥，是強臣專國，而使家僕執國柄所致也，是君之國臣亦得同而有之，無君之甚者也。

故天子有田以處其子孫，諸侯有國以處其子孫，大夫有采以處其子孫，是謂制度。

田猶畿也，王圻方千里，雖天子有限制也；子孫謂嗣世者，古者大夫不世，然命卿之子孫猶有食邑。

故天子適諸侯，必舍其祖朝，而不以禮籍入，是謂天子壞法亂紀。

適，諸侯巡守也，禮籍，禮書也，大史及大行人所掌。

諸侯非問疾弔喪而入諸臣之家，是謂君臣為謔。

無故私交，易召禍亂，如陳靈公是已。

是故，禮者君之大柄也，所以別嫌明微，儐鬼神，考制度，別仁義，所以治政安君也。

儐，接賓以禮之名；考，成也。

故政不正，則君位危；君位危，則大臣倍，小臣竊。刑肅而俗敝，則法無常；法無常，而禮無列；禮無列，則士不事也。刑肅而俗敝，則民弗歸也，是謂疵國。

倍，不法也，竊，不廉也，肅，峻也，敝，凋殘也，法，制度也，列，秩序也，不事，所當為者不為也；以法無常、禮無列，無所適從也；弗歸，有土崩之勢也，疵，病也。

故政者君之所以藏身也。是故夫政必本於天，殽以降命。命降於社之謂殽地，降於祖廟之謂仁義，降於山川之謂興作，降於五祀之謂制度。此聖人所以藏身之固也。

殽亦效也，命，令也，天無形而四時行、百物生，即天之命也，故人君之政，必本之於天而效法之以出令也，命非君之所得專，故凡命之自出，必於社於祖，或於山川、於五祀，皆有神以臨之，故或為殽地，或為仁義，或為興作，

或為制度，無亂命也；無亂命則藏身固矣，此記者痛當時人君亂政恣命，適足以喪國危身，而為之推本言之也。五祀，五行之祀，蓋即五人官制度所從出也；又言聖人見，惟聖人乃能正政出命而為君也。

故聖人參於天地，並於鬼神，以治政也。處其所存，禮之序也；玩其所樂，民之治也。故天生時而地生財，人其父生而師教之：四者，君以正用之，故君者立於無過之地也。

並猶傍也，言聖人之治政，必先與天地、鬼神相合也；處，置也，存，主也，如親親尊賢之等殺，皆生於自然，聖人安頓恰當，即禮之序也；玩，思索而體驗之也，樂，自得也，如飲食教誨之目皆有條理，聖人籌畫曲盡，即民知治也；財與人皆君之所不能不用，然用之不可不出於正，必順時理財，厚生正德，事事由禮，乃為用之，皆出於正而立於無過之地也，若用不以正，則傷財害民，一失於禮，君過多矣。

故君者所明也，非明人者也。君者所養也，非養人者也。君者所事也，非事人者也。故君明人則有過，養人則不足，事人則失位。故百姓則君以自治也，養君以自安也，事君以自顯也。故禮達而分定，人皆愛其死而患其生。

所明者，君能自明於禮，則人皆觀而喻焉，莫不各明於禮也；非明人者，君則昏而但欲責人之明，勢有不能也；所養者，君之責在治人，則當食於人也，非養人者，不可待養於人，如周末失政而求車求金，魯政四分而徵以貢公也；有過，謂過在君也，不足，不能自養也，失位，上下倒置也；則君，自治者，君既自明於禮，則臣下皆效則之，而莫不循禮也；達，通曉也，分定，君臣各得而民志亦定也；愛死患生，寧守禮而死，不敢為僭亂之事，失禮以偷生也。

故用人之知去其詐，用人之勇去其怒，用人之仁去其貪。

此言人君既能使禮達分定，則用人之智、勇、仁，自無詐、怒、貪之病，以禮能釋回增美也。

故國有患，君死社稷謂之義，大夫死宗廟謂之變。

大夫死宗廟，如欒盈入曲沃，魚石入彭城，皆叛亂變事也。蓋敵國來侵，外患也；強臣為逆，內患也，而有義與變之殊，則亦禮與非禮之由耳。

故聖人耐以天下為一家，以中國為一人者，非意之也，必知其情，

辟於其義，明於其利，達於其患，然後能為之。

耐，古能字，意猶懸想也，辟，開也。

何謂人情？喜怒哀懼愛惡欲七者，弗學而能。何謂人義？父慈、子孝、兄良、弟弟、夫義、婦聽、長惠、幼順、君仁、臣忠十者，謂之人義。講信修睦，謂之人利。爭奪相殺，謂之人患。故聖人所以治人七情，修十義，講信修睦，尚辭讓，去爭奪，舍禮何以治之？

因上而條釋之，以明情與義皆人所固有也，利與害尤人所不可不審也，必本義以制情，乃能因義以成利，苟捨義而侔利，必至因利而生患。記者揭情義於利害間細為區別，又以深究禮之不可不由也。

飲食男女，人之大欲存焉；死亡貧苦，人之大惡存焉。故欲惡者，心之大端也。人藏其心，不可測度也；美惡皆在其心，不見其色也，欲一以窮之，舍禮何以哉？

約七情於欲惡，舉其要也，欲惡循義擇美，背義則惡，而美惡在心見色，不必相符也；窮之使無遁情，又惟以禮而已，則視辟義之用，又加勝焉，此行禮探本之極至也。

故人者，其天地之德，陰陽之交，鬼神之會，五行之秀氣也。

德，得也，交，和也，會，聚也，秀氣，氣之出類拔萃者也；其者，謙若不敢知之詞。天地之德，健順之至也；陰陽之交，氤氳之純也；鬼神之會，聰明正直而一也；五行之秀氣，則能盡聖哲謀肅乂之事矣，此其所以異於群生而知有禮也。

故天秉陽，垂日星；地秉陰，竅於山川。播五行於四時，和而後月生也。是以三五而盈，三五而闕。

秉，持也，竅，孔也，五行謂天干十日，以陰陽分木火土金水也，四時謂地枝十二辰，以四方孟仲季分春夏秋冬也；播而和之，謂以日辰編配六旬也，生，生明、生魄也，蓋天道純陽，而日星本天得陽之精，感陰氣而下垂；地道純陰，而山川本地得陰之形，感陽氣而上竅；五行者，地陰之形之用也，四時者，天陽之精之運也，天地交感，陰陽紛錯，形精流通而日月之離合著焉。日本陽也，陽常饒，故其明雖有出納而常昭；月本陰也，陽[註1]常虧，故其生又分盈闕而暫滿，盈闕必以三五者，月為陰精，五行為陰形，精不離形，而三

〔註1〕當為陰。

五、十五為五行之生數也，然此亦略言之，實則陰常乏，朔虛成月，又不及三十日也；不言日言月者，月之朒朓側匿，其遲速、盈縮萬有不齊，本皆日為之主，而象事則見之於月，故古聖王敬天勤民，莫先於正月，以陽為陰主，陰之作慝，皆陽之過也。《春秋》一書，義莫重於王之正月，職是之故，作者獨有見於和而後月生之說，其深有得於《春秋》之意者夫〔註2〕。

五行之動，迭相竭也，五行、四時、十二月，還相為本也；五聲、六律、十二管，還相為宮也；五味、六和、十二食，還相為質也；五色、六章、十二衣，還相為質也。

動即行也，名曰五行，本以行為主，故其機莫著於動也，竭猶負戴也；五行運轉，已過者去，將來者續，猶在上者為在下者所負戴也，竭以既去者，言本以現在者，言迭相竭，即還相為本矣；本猶根也，言更相為始也，如春時木旺，則木為本，一歲則五行各旺七十三日有奇，而細分之則一月、一日、一時又皆還相為本也；六律陽律為陰同之主也，十二管則兼陰律，言宮亦猶本也，還相為宮者，聲始於宮，故皆以宮為主也，十二管始於黃鐘，管長九寸，下生者三分去一，上生者三分益一，終於南呂，以五聲合十二管共六十調，而每管要皆以宮為主，故《周官·大司樂》禮鬼神示，言凡樂皆先以管之宮也；六和即以滑與甘和四味也，十二食六穀兼六牲也，還相為質，如味則春多酸，和則牛宜稌，食則春行羔豚、膳膏香之類；六章，六服也，服以章身，故曰章，十二衣即《尚書》繪繡之十二章也，統之為六細，分之有十二，與聲味同。此言五行之動，分之為四時，再分之又有十二月，而還相為本，其用不窮，至於聲味色皆然，以三者皆五行所自出，故又推廣言之，以盡相竭相本之意。

故人者，天地之心也，五行之端也，食味別聲被色而生者也。

天地萬物皆以人為主，惟人能參贊而位育之，故天地非但以為德而直以為心也；端猶緒也，正也，萬物皆不外五行，而人獨得其至正以為之首也；秀以氣言，端以理言，實亦一也，食味、別聲、被色而生，又見其生與物殊，當知自貴也。

故聖人作則，必以天地為本，以陰陽為端，以四時為柄，以日星為紀，月以為量，鬼神以為徒，五行以為質，禮義以為器，人情以為田，四靈以為畜。

〔註 2〕或當為矣。

　　父天母地是本也，一陰一陽之謂道，故造端始於陰陽也；柄，所操以治事者；紀，次序也，天地之大，不外陰陽，陰陽之用，不外四時，而四時之序莫明於晝日之躔與夜星之中，可志也；量，分限也，月行與四時常相參，而其晦朔、弦望又有盈縮遲速之異，惟聖人能正之，使有定限也；徒，役屬之意，鬼神者，天與人之所共也，惟聖人能質之無疑，而吉凶皆與之合，則鬼神直無不聽命於聖人而為之徒也；質，體也；器，治田之器猶工人之規矩也，言禮又言義，禮之中有義也；田謂耕治之〔註3〕，畜，養也，至於四靈為畜，則徵報著矣。

　　以天地為本，故物可舉也；以陰陽為端，故情可睹也；以四時為柄，故事可勸也；以日星為紀，故事可列也；月以為量，故功有藝也；鬼神以為徒，故事有守也；五行以為質，故事可復也；禮義以為器，故事行有考也；人情以為田，故人以為奧也；四靈以為畜，故飲食有由也。

　　舉，言持之在我也，凡物不外乎天覆地載，是皆本之末也，故可舉情實也；物之所以成，不離乎陽變陰合，其情即端之緒也；勸，順時而趨事也；列，陳之有次也；功，如農功藝治也，功有藝，猶云庶績咸熙也；守，依據之意；復，反也，循環不窮，終而復始也；考，成也，行之而皆有成也；奧猶主也，古者居必主奧，人以為奧，言天下莫不尊親，猶《傳》云國有奧主也；由，從也，禮始於飲食，至四靈為畜，則禮教大行，休徵備至，民之質矣，日用飲食，莫不由禮也。

　　何謂四靈？麟鳳龜龍，謂之四靈。故龍以為畜，故魚鮪不淰；鳳以為畜，故鳥不獝；麟以為畜，故獸不狘；龜以為畜，故人情不失。

　　淰，水中驚逝也；獝，驚飛也；狘，驚走也；失為虛偽也，詳言四靈可畜，則萬物咸若，天下皆寧也。

　　故先王秉蓍龜，列祭祀，瘞繒，宣祝嘏辭說，設制度，故國有禮，官有御，事有職，禮有序。

　　繒，帛也，贈神之幣；宣，表揚之也，祝嘏辭說，祝詞之說，嘏詞之說也；御猶值也，即當御之御。秉蓍龜，所以決禮之疑；列祭祀，所以致禮之敬；瘞繒，所以備禮之物；宣祝嘏辭說，所以通禮之情；設制度，所以修禮之文，若是則可謂有禮矣，故又以國有禮言之，國之有禮也，官有當治之事，事有專主

〔註3〕原文此處似闕一字。

之禮，禮有施行之序，此禮之所由達也。

故先王患禮之不達於下也，故祭帝於郊，所以定天位也；祀社於國，所以列地利也；祖廟所以本仁也，山川所以儐鬼神也，五祀所以本事也。

達，通行也；定天位，謂諸侯以下不敢干；凡利皆出於地，列地利，謂祈賽以親之；祖廟，謂為祖立廟也，本仁者，人本乎祖，有加愛焉；山川，謂祀山川各於其所，皆有鬼神以主之，故無不以禮儐之也；五祀即五行之祀，凡事不外乎五行，故祀之以其為制度之本也。

故宗祝在廟，三公在朝，三老在學。王，前巫而後史，卜筮瞽侑皆在左右，王中〔註4〕，心無為也，以守至正。

侑，侑食也，三在，與前後左右亦約舉之，以明官有御、事有職也；中，居中也，心無為，以守至正，如北辰居所不動也，但以禮示之而已。

故禮行於郊，而百神受職焉，禮行於社，而百貨可極焉，禮行於祖廟而孝慈服焉，禮行於五祀而正法則焉。故自郊社、祖廟、山川、五祀，義之修而禮之藏也。

無所往而不感通之謂。行，言先王之誠與神無間也；極，盡也，可極，言其繁阜可盡為人用也；服，事也，行也，孝慈服，祝以孝，告嘏以慈，告而人皆服行慈孝也；不言山川，統於社，省文也；正法則，以制度備也，藏猶府也。

是故夫禮，必本於大一，分而為天地，轉而為陰陽，變而為四時，列而為鬼神。其降曰命，其官於天也。

大一，猶云大極，即理也，即義之修也；天地以位言，故曰分，陰陽以消息言，故曰轉，四時以代序言，故曰變，鬼神以情狀言，故曰列；其降曰命，即前殽以降命也，官猶主也，聖人制禮，以命天下，故曰其降曰命，而又曰官於天者，以禮雖命於人，而實主於天，聖人非有私智，撟揉於其間也。

夫禮必本於天，動而之地，列而之事，變而從時，協於分藝，其居人也曰養，其行之以貨力、辭讓：飲食、冠昏、喪祭、射御、朝聘。

上言本於大一，明制禮之原也，此又言本於天，則承上官於天而明禮之用也。循禮之原，而終言官於天，以見禮之出於自然，究禮之用，故又終言居於人，以見禮之當然；動而之地者，天無形，求其所發見必於地也；事者，人之

〔註4〕原文標句。

所為，故列之以求稱也；事同則禮同，時異則禮異，變而從時，所以達權也；分如尊卑、貴賤之等，藝治之有成功者，如人之才能也，協於分藝，則又情文相得，而必不可踰越者也；居，安居也，人有禮則安，安則得所養而生，生不窮矣，故其居人之道無他，亦曰得所養而已矣；冠昏以下八者，皆必有貨力、辭讓、飲食，乃能行之，所謂達也。

故禮義也者，人之大端也，所以講信修睦而固人之肌膚之會、筋骸之束也。所以養生送死事鬼神之大端也。所以達天道順人情之大竇也。故唯聖人為知禮之不可以已也，故壞國、喪家、亡人，必先去其禮。

信存諸己者，睦施諸人者，固人會束者，常人之情；貴則驕，富則傲，勞則怠，安則逸，而惰慢、邪僻由之生矣；非役於禮，則國家之敗亡不召自至也；竇為孔穴，所以通人之出入。

故禮之於人也，猶酒之有糵也，君子以厚，小人以薄。

禮本於天、附於人，雖小人不能盡去，惟薄而已；若盡去之，則有壞國、喪家、亡身之禍，然薄即去之機，故又當戒薄而務厚也。

故聖王修義之柄、禮之序，以治人情。故人情者，聖王之田也。修禮以耕之，陳義以種之，講學以耨之，本仁以聚之，播樂以安之。

柄猶用也，義之柄即禮也，而禮又有序，不可雜施也；禮義皆本於人心，然有至於無禮無義者，心失所主而情為之亂也，故聖王修其柄與序，還以治人之情而已；耕猶治也，種，所以耕之故也，禮必有義陳之，亦所以明行禮之故也；耨，所以去害苗者也，既學習其禮，而又隨時講貫以通其義，則非禮非義之故，益明自無喪亂之害矣；聚，凝而使之堅固也，禮義皆本於仁，講學而辨之明，乃愈知禮皆吾心所不忍越，義皆吾心所不忍背，則有以觀禮義之會通，而心之德日以固矣；播，散而布之也，樂具五音六律之節，若動盪發越，以宣其和，則其行之也恬熙調適而有自然之樂矣。

故禮也者，義之實也。協諸義而協，則禮雖先王未之有，可以義起也。義者藝之分、仁之節也，協於藝，講於仁，得之者強。仁者，義之本也，順之體也，得之者尊。

義止論其理之宜，必以禮之著於事物者實之，故禮為義之實；分，界限也，藝如藝麻，分即衡從其畝也，節猶分也，仁以愛為主，如愛有厚薄、親疏，是節也；協於藝則得其分，講於仁則得其節，而義得矣；強，自強也，義固為

仁之節，而仁實為義之本，以仁為人心故也；順猶和也，行之而無不順者禮也，而仁實為順之體，以順生於愛而仁無不愛故也；得之者尊，仁為天之尊爵也，蓋強則足以幹事，尊則足以長人也。此又言禮本於義，義本於仁，以明禮非外飾，故行之而能致順也。

故治國不以禮，猶無耜而耕也；為禮不本於義，猶耕而弗種也；為義而不講之以學，猶種而弗耨也；講之於學而不合之以仁，猶耨而弗獲也；合之以仁而不安之以樂，猶獲而弗食也；安之以樂而不達於順，猶食而弗肥也。

耜，治田之具，無耜而耕，則無以入也；弗種則嘉禾無由生，弗耨則苗不殖、草不除，弗獲則無以量收之豐歉，弗食則不知味之甘美；弗肥，無功效也，王者制禮作樂，而天下太平，幾致刑措，則安之以樂，宜無不達於順者，不達於順謂僭竊，如大夫之歌雍舞八佾，雖亦若安之以樂，而終不順也，苟不能達於順，則禮義仁俱失其所，而又何樂之能安乎？故以食而弗肥明之。

四體既正，膚革充盈，人之肥也。父子篤，兄弟睦，夫婦和，家之肥也。大臣法，小臣廉，官職相序，君臣相正，國之肥也。天子以德為車、以樂為御，諸侯以禮相與，大夫以法相序，士以信相考，百姓以睦相守，天下之肥也。是謂大順。大順者，所以養生送死、事鬼神之常也。

膚革，外薄皮，革膚，內厚皮，法，守法也，相正，不阿容也，德裕於身，乃可載物，故以為車有聲，教而德之，流行以遠，故以為御百姓庶民也。

故事大積焉而不苑，並行而不繆，細行而不失。深而通，茂而有間。連而不相及也，動而不相害也，此順之至也。故明於順，然後能守危也。

苑，草多拳曲貌；繆，絲相糾結也，間，隔也，有分辨也，凡物多積則苑，行而並則繆，細則易失，深則難通，茂則無別，連則多相及，動則多相害，惟事皆由禮，乃能無其弊，而為順之至也；危，流蕩也，能守危則嚴而泰，亦和而有節矣。

故禮之不同也，不豐也，不殺也，所以持情而合危也。故聖王所以順，山者不使居川，不使渚者居中原，而弗敝也。用水火金木，飲食必時。合男女，頒爵位，必當年德。用民必順。故無水旱昆蟲之災，民無凶饑妖孽之疾。

禮所以辨異，故不同，不同則有豐有殺矣，然而不嫌豐也，不嫌殺也，所以然者，蓋禮本以治人之情，人情易放而難持，惟禮能持而正之，即僅持之而猶危，亦惟禮能合之而使安也，持情合危，所以順也；敝，煩勞也，山川渚原，不易其利，不變其俗，則民不勞敝矣；水火金木，飲食即六府也，用之以時則修矣；合男女當年則生長遂，頒爵位當德則治教詳用，民必順則征役省。此又以禮為國，持情合危，所以順之，至要也。

故天不愛其道，地不愛其寶，人不愛其情。故天降膏露，地出醴泉，山出器車，河出馬圖，鳳凰麒麟皆在郊棷，龜龍在宮沼，其餘鳥獸之卵胎，皆可俯而窺也。則是無故，先王能修禮以達義，體信以達順，故此順之實也。

天主神，故以道言，地主富，故以寶言，人有欲，故以情言，不愛者盡其所有而與之也，器車，山車垂鉤，不揉治而自圓曲者；棷，聚草也；可俯窺即不猗狙也；體信則無一毫之偽，達順則無一物不得所矣。